Les kilos émotionnels

Dr Stéphane Clerget

Les kilos émotionnels

Comment s'en libérer sans régime ni médicaments

Albin Michel

À Isabelle,
comédienne des émotions infinies

Introduction

Vous faites sans doute partie de ces personnes qui se plaignent d'avoir des kilos en excès. Et comme beaucoup d'entre elles, vous avez probablement mené un ou plusieurs types de régime afin de vous en débarrasser. Pour couronner le tout, vous vous êtes également attelé, dans votre projet d'amaigrissement, à la pratique d'exercices physiques, avec plaisir ou sous la contrainte. Pourtant, ces kilos en surplus refusent de se détacher totalement de vous ou bien, quand ils y parviennent, n'ont de cesse de revenir, et parfois plus nombreux encore.

Plus surprenant, il y a ceux et celles qui ne changent rien à leur mode alimentaire et qui ne modifient absolument pas leur dépense énergétique, mais qui voient, en quelques semaines, leur balance les charger de plusieurs kilos ou au contraire les en délester.

Pierrette : « J'étais une adolescente boulotte. Mais quand j'ai rencontré au lycée celui qui est encore mon compagnon de vie, j'ai perdu en un rien de temps dix kilos, sans changer d'alimentation. J'ai eu l'impression d'avoir quitté ma chrysalide. »

Marie : « Je vivais encore chez mes parents quand depuis

deux ans ma sœur vivait seule à l'étranger. Lorsqu'elle revenait séjourner quelque temps à la maison, je prenais quatre kilos en moins d'une semaine. Sa présence me gonflait, véritablement. »

Françoise : « Quand mon stress a monté en flèche après une promotion et des responsabilités nouvelles, j'ai pris plusieurs kilos en quelques mois, alors que mon poids était stable depuis plusieurs années. »

Ces phénomènes, dont nous avons tous été témoins, ont une explication : nos émotions agissent sur notre poids. Cette action se fait de plusieurs façons. Les émotions peuvent modifier notre comportement alimentaire : soit en quantité (on va manger plus ou moins), soit en qualité (le choix des aliments peut varier en fonction des ressentis émotionnels). Nos émotions interviennent également sur notre activité motrice et donc sur les dépenses énergétiques qui en découlent. Enfin, nos émotions agissent directement sur notre poids, indépendamment du comportement alimentaire, du choix des aliments et des exercices physiques, en favorisant ou, à l'inverse, en entravant le stockage de graisse. Cette influence directe des émotions se fait par l'intermédiaire des hormones ou bien des neuromédiateurs du cerveau, qui sont en quelque sorte les « sécrétions » des neurones.

Ces kilos produits par nos émotions, je propose de les nommer *kilos émotionnels*. Ils concernent aussi bien les enfants que les adultes, les hommes que les femmes. Les différents régimes n'ont pas de prise sur eux, au contraire ils les accroissent.

Nous allons voir comment ils s'installent au sein de notre organisme et surtout comment s'en libérer.

1

Surpoids, troubles alimentaires et émotions

Le surpoids se situe entre le poids normal et l'obésité. Pour affirmer qu'un individu est en surpoids, on doit également tenir compte de son âge, de son identité sexuelle, et de sa taille. L'indice de masse corporelle (IMC) permet de le mesurer : on divise son poids en kilos par sa taille (en mètre) au carré. Ainsi, une personne pesant 75 kg pour 1,65 m aura l'IMC suivant : $75/(1,65 \times 1,65) = 27,5$. Un IMC normal se situe entre 18,5 et 24,9. On parle de surpoids entre 25 et 29,9 et d'obésité au-delà de 30. L'IMC n'est valable que pour les adultes, hors grossesse, et ne convient pas aux personnes très musclées (culturistes). Mais ce n'est pas un outil complet car il ne prend pas en considération l'importance de l'ossature, de la masse musculaire, ni la répartition des graisses. La mesure du tour de taille permet de compléter cet indice en partie (on utilise un ruban que l'on place juste sous la dernière côte, sans appuyer sur la peau et à la fin d'une expiration). Il permet mieux que l'IMC de prédire les risques de maladies cardiovasculaires et du diabète liés à un excès de masse graisseuse. Ces risques commencent à être accrus avec un tour de taille supérieur à 94 cm chez l'homme et 80 cm chez la femme.

Le surpoids en France est un problème de santé publique. Un adulte sur cinq est en surpoids. 10 % des enfants de dix ans le sont. Aux États-Unis, c'est un adulte sur trois, voire un sur deux. La surcharge pondérale est un facteur de risque pour la santé, favorisant notamment les troubles cardio-vasculaires, l'hypertension artérielle, des troubles rhumatologiques, le diabète, et certains cancers. Ce qui justifie qu'on la combatte.

Le surpoids a également des conséquences émotionnelles insuffisamment prises en considération et étudiées. Les personnes touchées se sentent moins jolies, moins attirantes, ce qui ne surprend guère tant les critères esthétiques actuels survalorisent la minceur. Mais, plus étonnant, elles se sentent aussi moins intelligentes et globalement moins intéressantes que les autres. La surcharge pondérale provoque une mésestime de soi globale.

Le surpoids est un facteur de rejet social. Les personnes en surpoids et a fortiori les obèses ne laissent pas indifférents. Et la pression qu'ils subissent en retour est une charge émotionnelle indéniable avec laquelle ils doivent composer. À côté du rejet provoqué par le dégoût de ceux qui se laisseraient aller, il existe à l'inverse une envie inconsciente de ceux qui osent jouir de leur supposée gloutonnerie. Mais cette envie provoque l'aversion car cette jouissance est jugée de part et d'autre comme perverse. La pitié est une autre réponse possible, plus sévère encore, car elle empêche les personnes obèses de se défendre comme on le ferait face à de l'agressivité directe. On oppose aux obèses les sportifs et les mannequins. Le comble étant que ces derniers poussent à la consommation à travers les supports publicitaires qui les utilisent.

Certes, nos sociétés capitalistes commencent à s'alarmer de cette surconsommation alimentaire. Mais ne serait-ce pas parce qu'elle se fait aux dépens d'autres modes de consumérisme ? Que l'obèse ne se dépense pas assez, passe encore, mais c'est à la condition qu'il dépense. D'où la pression sociale actuelle pour qu'il se mobilise, et que sa lutte l'aide, mais surtout le pousse à consommer davantage.

Les personnes en surpoids sont jugées moins belles, moins désirables par les autres, mais aussi molles, manquant de volonté, pesantes, encombrantes... Elles sont victimes de discrimination tant à l'embauche qu'en diverses occasions de la vie (accès aux logements, aux transports, aux discothèques...). Cet ostracisme a bien sûr des conséquences émotionnelles sur les individus concernés. Et la charge d'émotions négatives que produit ce rejet renforce la surcharge pondérale.

Les régimes et le sport, oui mais...

Si maigrir sur une courte période semble aisé (75 % des individus qui font un régime perdent des kilos au début), maintenir un équilibre sur la durée s'avère difficile. Sur cinq ans, 90 % des personnes reprennent leur poids initial après un régime, et souvent davantage.

Indépendamment de tout facteur émotionnel, le responsable de la surcharge pondérale est l'excès de calories, en cas de prises alimentaires supérieures au besoin de l'organisme. En ce cas, des régimes bien menés ou la pratique d'exercices physiques sont justifiés pour compenser cet apport excédentaire. Cependant, quand en guise de régime on pratique la restriction alimentaire, cela entraîne habituellement des effets rebonds du poids. À cela s'ajoutent, en cas de restrictions répétées ou prolongées, des troubles du comportement alimentaire et une image de soi dégradée, avec un risque de dépression.

Le sport est classiquement conseillé aux personnes qui désirent perdre du poids. Certes, on brûle des calories lors d'activités physiques, mais la faim que ces efforts génèrent incite à manger davantage pour combler les pertes. Une personne équilibrée augmentera ses apports alimentaires en période d'activité physique et les diminuera si elle cesse de pratiquer. C'est le principe de la balance énergétique. Il ne suffit pas de faire plus de sport pour maigrir, l'important est de faire du sport sans augmenter ses apports caloriques. Or la difficulté des personnes en surpoids est justement de ne pas répondre en excès aux demandes du corps.

Pourtant, le sport reste indiqué pour se débarrasser des kilos émotionnels par d'autres bénéfices que celui, fruste, de brûler des calories. Il rehausse l'estime de soi. Il favorise les liens sociaux et renforce ainsi l'identité sociale des individus. Physiologiquement, il régule la tension artérielle et induit la sécrétion d'endorphine, l'hormone du bien-être, qui agit positivement contre l'humeur dépressive, l'anxiété, le stress et diverses émotions négatives, et donc contre les kilos émotionnels conséquents. Une séance d'aérobic ou une marche de trois quarts d'heure apporte un état de relaxation qui peut durer une à deux heures et produit un impact positif sur l'humeur. C'est pourquoi d'ailleurs il est préférable de pratiquer dans la journée plutôt que le soir, l'état de bien-être poussant à trop profiter de sa soirée et retardant l'heure du coucher.

Le manque d'activité physique, à l'inverse, est une cause de surpoids puisqu'en ne brûlant pas suffisamment de calories, on ne « consume » pas non plus ses émotions négatives, facteurs de kilos émotionnels.

Les causes génétiques

Les causes génétiques sont aussi à prendre en compte. En effet, un enfant aura 40 % de risques de devenir obèse si un seul de ses parents l'est. Le pourcentage de risques s'élève à 80 % si son père et sa mère le sont. En revanche, il n'aura que 10 % de risques de le devenir si ses deux parents sont minces.

Chez ces personnes, l'organisme a une grande aptitude à économiser ses réserves et à en fabriquer avec un minimum de nourriture. Différents gènes sont concernés, agissant par des modes d'action divers (via des hormones comme la leptine ou la mélanocortine). S'il existe des facteurs génétiques qui favorisent le stockage de graisse, à l'inverse d'autres facilitent la combustion de calories chez des personnes génétiquement minces.

Mais la génétique est une science complexe. En effet, si l'on peut hériter d'une prédisposition génétique à être obèse, il n'est pas certain qu'on le devienne. C'est ce qui différencie le génotype du phénotype. Le génotype est ici notre aptitude génétique à être obèse, dès la naissance. Le phénotype, en termes de poids, est ce que l'on devient au final. Car le phénotype est soumis à la pression de l'environnement qui va permettre à nos potentialités génétiques de s'exprimer ou à l'inverse va les enrayer. Ainsi, pour ce qui est du surpoids génétique, les habitudes alimentaires, le mode d'alimentation, l'éducation autour des aliments, le niveau d'activité physique, et bien sûr les facteurs émotionnels favoriseront ou non l'expression du génotype. En outre, on ignore à ce jour la dimension génétique de la transmission des facteurs émotionnels et de la capacité individuelle à les canaliser. Enfin, si un enfant ayant un parent obèse est en surpoids, ce n'est pas nécessairement pour des raisons génétiques. En effet, être élevé par des parents obèses augmente le risque de l'enfant d'être obèse par d'autres voies possibles que celle des gènes : l'enfant peut aussi être influencé par le rapport particulier de ses parents avec la nourriture ou leur éducation alimentaire singulière. Par ailleurs, le surpoids du ou des parents peut être en totalité ou en partie dû à des facteurs émotionnels. Et en ce cas, ce qui peut être transmis à l'enfant, ce ne sont pas de « mauvais » gènes mais, via l'éducation, une difficulté à faire face aux émotions négatives autrement qu'en prenant du poids.

Il ne faut donc pas conclure, en présence d'une obésité qui semble héréditaire, qu'un amaigrissement est impossible, ni qu'il n'existe pas d'autres causes associées à la prise de poids sur lesquelles on pourrait agir (des causes émotionnelles notamment). L'expression des gènes est en interaction avec l'environnement. En agissant sur l'environnement alimentaire, le niveau d'activité, l'éducation alimentaire et surtout sur le climat émotionnel, on réduit les risques de surpoids.

Les causes éducatives

Certaines éducations privilégient la quantité à la qualité. Par exemple, en offrant à l'enfant beaucoup de jouets plutôt que de chercher le jouet qui lui ferait vraiment plaisir. Ou encore, en le comblant de sucreries plutôt que de lui dire les paroles adaptées, véritablement apaisantes, quand il est triste. En général, une éducation qui, à l'image de l'idéologie en vogue dans notre société, favorise l'excès, le « toujours plus » à la qualité de vie, qui pousse à la surconsommation au détriment du choix réfléchi en lien avec ses véritables besoins et envies, est un facteur de risque de prise de poids. Consommer en surabondance est, hélas, aujourd'hui l'idéal assumé de notre société de consommation. Excès alimentaires bien sûr, mais aussi d'activités, de technologies (télévision, téléphone, automobile, informatique), et de signaux creux (information, publicité, Internet). Notre société de production et consumériste forge sans cesse des marchandises à détruire ou à digérer et fait de nous des puits sans fond.

Nous ne devons pas avaler les aliments qu'on aime comme si c'était la dernière fois qu'on y avait accès, ni feindre de ne pas les aimer et de s'en priver au risque de craquer pour s'en empiffrer un jour de relâche. Il est plus sain de savoir qu'ils sont disponibles et de n'en prendre que lorsque l'envie est vraiment présente. Ne fait-on pas de même avec ses meilleurs amis : si on les appelle quand on est disponible pour eux et qu'ils le sont pour nous, quand le désir de les voir se fait pressant, vit-on pour autant avec eux vingt-quatre heures sur vingt-quatre ?

Les causes émotionnelles

Les causes émotionnelles sont insuffisamment étudiées et prises en considération lors de surcharge pondérale. Elles se rencontrent indépendamment des autres causes, mais peuvent aussi être en lien avec celles-ci. En effet, la quantité des aliments absorbés, leur qualité ainsi que le mode d'alimentation (transmis par nos parents ou en rupture avec le leur) influent sur nos émotions. On a vu plus haut que les activités physiques agissent positivement sur l'affectivité. La génétique joue également sur les émotions, ne serait-ce que par le rôle des hormones ou des neuromédiateurs dont la production peut être en partie soumise aux gènes. Enfin, l'éducation reçue, en tous domaines, possède une influence majeure sur notre structure émotionnelle.

Les troubles des émotions entraînent des troubles du comportement alimentaire qui provoquent à leur tour des prises de poids. Les prises de poids ont des conséquences émotionnelles. Et les émotions, avec ou sans troubles du comportement alimentaire associés, sont à l'origine de kilos en excès qui résistent au régime.

Les troubles du comportement alimentaire

Un certain nombre de perturbations du comportement alimentaire provoquent des surcharges pondérales par un excès d'apport et une dérégulation des prises. Pour une grande partie, des facteurs émotionnels de nature complexe sont à l'origine de ces troubles.

Le grignotage

Assis devant l'écran de télévision en fin de journée, ou rêvassant en feuilletant un magazine, on avale, sans y penser et sans faim, pendant que les images défilent, des gâteaux secs, des sucreries ou des biscuits apéritif. Ce comportement fréquent est une situation de régression au stade oral, qui fait écho à l'attitude d'un nourrisson qui, rassasié, assoupi, continue de téter mollement. Il ne s'agit pas de la réponse à un besoin ; seule la dimension de plaisir passif est ici recherchée. Cette régression est souvent associée à une régression dite « anale », qui apparaît à travers un laisser-aller de la tenue. Nous reviendrons en détail sur ces deux types de pulsions orales et anales.

La fringale

La fringale est une sensation de faim impérieuse mais qui porte sur des aliments appréciés et choisis. Elle cesse une fois la faim apaisée. Elle n'est pas vécue dans la culpabilité, au contraire de la crise boulimique par exemple. Le mot « fringale » puise possiblement son origine dans l'expression *faim valle* (faim mauvaise) désignant un trouble des chevaux qui leur donnait une sensation de faim et les stoppait dans leur course. La fringale est aussi définie comme une « faim de loup ». C'est donc étymologiquement une maladie, mais qui symboliquement renvoie à des animaux honorables et puissants. On ne se perçoit pas comme étant faible psychologiquement lorsque l'on cède à sa fringale. On a le sentiment de répondre aux besoins du corps.

La fringale de sucré est la plus fréquente et touche en particuliers les jeunes femmes fébriles et anxieuses. Accompagnée de malaise, d'étourdissement et de fatigue, la fringale correspond à une baisse de la glycémie, c'est-à-dire du taux de sucre dans le sang, causée habituellement par un régime trop restrictif. Mais il existe des fringales sans véritable baisse de glycémie. Répondre à la fringale en avalant rapidement des gâteaux ou de la charcuterie, c'est comme se faire un « shoot » de sucre ou de sérotonine, le neuromédiateur du cerveau qui s'élève suite à l'ingestion massive de sucré ou de salé et induit un bien-être.

Pour lutter contre ces accès de faim, sur un plan diététique il est conseillé de se tourner vers un laitage, un fruit ou une barre protéinée plutôt que du gras ou des sucreries. Psychologiquement, pourquoi ne pas chercher à dévorer émotionnellement autre chose que de la nourriture ? Par exemple, on embrasse son aimé(e) s'il (elle) est à portée de bouche, on serre dans ses bras le collègue avec lequel on s'entend si bien, on s'engouffre dans un cinéma en évitant le rayon pop-corn ou, si son porte-monnaie l'autorise, on appelle l'agence de voyages pour s'offrir ce week-end à Rome auquel on pense depuis des mois. Bref, on provoque une émotion forte et agréable qui, sans apporter de calories, libérera autant de sérotonine.

Paradoxalement, on peut aussi se mettre en situation de trac, de stress afin de libérer du sucre dans le sang via une sécrétion d'adrénaline. Faites-vous peur : un tour de manège, un coup de fil à votre peste de cousine pour lui dire ses quatre vérités, un mail à votre DRH dans le but de prendre rendez-vous pour demander une augmentation. À chacun de trouver une situation susceptible de déclencher une émotion forte positive, utile, ou qui défoule.

La chocolatomanie

Le chocolat a ses fidèles. Pour certaines, comme Fabienne qui en mange plus de 100 g chaque jour, c'est une véritable manie, d'où cette terminologie récente de « chocolatomanie » qui en fait un trouble alimentaire spécifique.

Le chocolat est associé aux plaisirs de l'enfance. Symboliquement, il est porteur de douceur, de tendresse, de chaleur et de sensualité. Il a l'image d'un produit sain. On distingue ceux qui préfèrent l'amertume du chocolat noir de ceux (huit fois plus nombreux) qui le préfèrent au lait, sucré et fourré. Symboliquement toujours, il y a chez ses adeptes la recherche d'un paradis perdu de l'enfance et d'un cocon protecteur (plutôt maternel, ai-je constaté, avec le chocolat au lait et paternel pour le chocolat noir). La chocolatomanie concerne des individus qui se vivent en carence affective, mais aussi des personnes qui n'ont simplement pas renoncé aux relations affectives propres à leur enfance (parents, grands-parents, ou nounou).

Il y aurait bien plus de mille substances gustatives différentes dans le chocolat. La chocolatomanie est donc avant tout une question de goût. Mais c'cst aussi une affaire d'éprouvés émotionnels car le chocolat entre en jeu dans la biochimie des émotions. L'apport de sucre et de gras qu'il occasionne déclenche une sécrétion de sérotonine, le neuromédiateur déjà cité du bien-être (le même dont le taux s'élève sous l'effet de nombreux antidépresseurs). En outre, il contient du tryptophane, un acide aminé essentiel qui entre dans la composition de cette même sérotonine. Il renferme aussi de la thyramine, de la phénylethylamine, de la caféine, de la théobromine qui stimulent le système nerveux, facilitent l'effort, accroissent la vigilance et l'efficacité intellectuelle et ont aussi un effet antidépresseur. Le chocolat augmenterait les taux d'endorphine, la morphine naturelle que notre corps fabrique sous l'effet du sport notamment et qui détient un formidable effet de détente et d'apaisement des douleurs de toutes sortes. Dans sa composition, on trouverait également de l'anandamine, le THC naturel, constituant voisin de celui qui fait de la marijuana un délice pour certains – mais, rassurez-vous, à des doses infimes. Enfin le magnésium, surtout présent dans le chocolat noir, aurait un effet relaxant sur le système neuromusculaire. Ce sont donc aussi ces effets émotionnels produits par ces différents composés qui sont recherchés.

Limiter l'apport en chocolat, si cet aliment représente un apport calorique excessif dans la ration quotidienne, implique donc qu'un relais soit pris pour apporter autrement ses composés actifs. Citons, comme alternatives possibles, le café, des plantes (le millepertuis par exemple), le sport ou d'autres activités de plaisir qui déclenchent la sécrétion d'endorphine et de phénylethylamine. Il convient aussi de rechercher les origines possibles d'un certain mal-être et de recourir à d'autres sources d'apaisement ou de réconfort si ce sont d'abord les effets antidépresseurs qui sont recherchés.

Le syndrome d'alimentation nocturne

Se lever en pleine nuit et dans un demi-sommeil pour avaler une quantité importante d'aliments, généralement à haute teneur en sucre et en gras, sans en garder presque aucun souvenir au réveil, ce qui s'apparente parfois à du somnambulisme : tels sont les signes de ce syndrome. Les personnes qui en sont affectées sont souvent anxieuses, stressées ou colériques. Ce syndrome survient à tout âge et toucherait 5 % des enfants obèses. Il concerne surtout les ados qui inversent leur rythme, sont somnolents la journée et mangent la nuit, à l'abri de toute contrainte parentale sur les modes ou les contenus alimentaires.

L'hyperphagie

Ce comportement alimentaire est caractérisé par un excès régulier tant de la quantité placée dans l'assiette que de la mise en bouche (grosses cuillerées, rythme élevé des bouchées, mastications brèves). Ce peut être un trait familial. L'hyperphagie prend parfois un aspect pathologique, ce que traduit la nouvelle terminologie d'« hyperphagie boulimique » qui se situe au carrefour de l'hyperphagie et de la boulimie décrite plus bas.

Cette entité pathologique n'est pas reconnue telle quelle en France, mais selon les psychiatres américains, elle serait plus fréquente (3,5 % des femmes et 2 % des hommes) que la boulimie (1,5 % des femmes et 0,5 % des hommes) et, contrairement à elle, plus volontiers associée à l'obésité.

Elle se caractérise par au moins deux prises hebdomadaires, mais souvent plus, de grandes quantités de nourriture. Le repas ou la collation prennent des proportions déraisonnables allant bien au-delà de la satiété, avec incapacité de s'arrêter. Cependant, ni le caractère d'obnubilation[1] ni la programmation propres à la crise boulimique ne sont

1. Engourdissement psychologique, état second.

ici présents. L'hyperphagie est probablement favorisée par des régimes hypocaloriques trop stricts sans accompagnement psychologique. Elle est en effet associée fréquemment à des troubles affectifs, que ce soit des troubles de l'humeur ou de l'anxiété.

La crise boulimique

Je me contenterai de la citer ici car elle sera décrite en détail plus loin. Elle n'est pas associée à une véritable sensation de faim mais à un état de mal-être psychique. Elle conduit à absorber, dans un état second, des quantités importantes de nourriture, très chargée en calories, et s'interrompt par l'apparition de douleurs physiques liées à la distension de l'estomac suivies de vomissements. Elle est précédée habituellement d'une préparation avec achats d'aliments pendant un moment de solitude. Elle laisse place à un état d'hébétement puis à un sentiment de honte.

Comment les émotions agissent sur notre poids

Derrière le simple fait de prendre un yaourt pour satisfaire une envie de manger, ou de refermer un pot de confiture une fois repu, il y a dans notre organisme et en particulier notre système nerveux central une cascade de réactions chimiques.

Quand des aliments arrivent dans le corps, ou que le besoin de calories se fait sentir, des récepteurs l'enregistrent, par l'intermédiaire des cellules nerveuses ou d'autres cellules. Il se produit alors au niveau de ces dernières des modifications électriques ou biochimiques qui sont captées et transmises au cerveau par les hormones qui circulent dans le sang ou par les nerfs. Les hormones sont des protéines messagères qui sont dans le sang et mettent les différents organes, dont le cerveau, en contact les uns avec les autres.

Des messagers dans le cerveau : les neuromédiateurs

Au niveau du cerveau proprement dit, différentes zones agissent sur le comportement alimentaire. Elles communiquent entre elles et avec le reste de l'organisme par l'intermédiaire de neuromédiateurs, substances sécrétées directement dans le cerveau : la sérotonine, la dopamine, la mélanocortine, la coliberine, la galanine, etc.

Parmi ces zones concernées, l'hypothalamus, glande située à la base du cerveau, est le véritable chef d'orchestre de toutes nos sécrétions hormonales. Il régule par exemple les hormones sexuelles ou les hormones thyroïdiennes qui sont, comme leur nom l'indique, sécrétées par la glande thyroïde à la base du cou. En sus d'autres rôles, les hormones sexuelles comme les hormones thyroïdiennes entrent en interaction avec nos émotions et notre poids. Ainsi un excès d'hormones thyroïdiennes (hyperthyroïdie) provoque un amaigrissement. À l'inverse, un défaut de sécrétion (hypothyroïdie) entraîne un ralentissement physique et cérébral (fatigue) associé à une prise de poids. Les hormones sexuelles jouent aussi un rôle qui explique notamment les prises de poids à l'occasion de la puberté ou de la ménopause.

Il y a d'autres zones concernées dans le cerveau, comme

le système limbique, siège de nos émotions. Celui-ci est en lien permanent avec l'hippocampe qui gouverne en grande partie notre mémoire. C'est ce qui explique que nos émotions passées, de notre vécu infantile notamment, jouent un rôle dans nos prises de poids émotionnelles d'aujourd'hui.

Enfin, le cortex, qui occupe la surface de notre cerveau, fait la synthèse des diverses informations venant des profondeurs.

Des messagers dans le sang : les hormones

Il existe plusieurs hormones concernées par la prise de poids. Il est possible que nous ne les connaissions pas toutes et que nous ayons encore à apprendre sur leurs mécanismes d'action en ce domaine.

L'insuline est sécrétée par le pancréas (un organe digestif) et stocke le sucre. Le glucagon est l'hormone inverse de l'insuline qui, au contraire, libère le sucre dans le sang. La cortisone et ses dérivées, sécrétées par les glandes surrénales (petites glandes localisées au-dessus des reins) jouent également un grand rôle dans nos émotions, nos humeurs et dans le stress en particulier. Elles agissent également sur la répartition de la graisse, favorisant notamment une surcharge graisseuse sur l'abdomen et dans le haut du dos et provoquant en cas d'excès une fonte musculaire.

La leptine, qui provient directement du tissu adipeux, a pour fonction de signaler la satiété. En cas de sécrétion diminuée, on ne ressent plus la satiété et on a toujours faim.

La ghréline, de découverte récente, est une hormone que sécrète le tube digestif avant un repas. Son taux de sécrétion diminue à la fin du repas. Elle ouvre l'appétit. Elle a une action sur l'hypothalamus, mais aussi directement sur les zones du cerveau[1] qui dirigent la satisfaction, la motivation et les dépendances. Elle a aussi une action directe sur les zones qui régulent la mémoire, les émotions et l'information visuelle. Sous son influence, les centres de la récompense[2] du cerveau sont davantage activés quand on se retrouve face à de la nourriture. On voit que les hormones qui régulent l'appétit sont en lien avec le cerveau émotionnel.

L'obéstatine, à l'inverse de la ghréline avec laquelle elle a une structure comparable, est une hormone qui coupe l'appétit. Elle ralentit la digestion, au contraire de la ghréline. En fait, elles agissent toutes deux en complémentarité.

Cette liste des hormones agissant sur le poids n'est pas exhaustive. Leurs modalités d'action sont complexes. Elles se conjuguent entre elles et avec l'action des neuromédiateurs. Hormones et neuromédiateurs agissent sur nos émotions. Ils sont aussi les voies d'accès de l'action de nos émotions sur les kilos émotionnels.

Mais les émotions ne se contentent pas d'agir sur le corps par l'intermédiaire de ces hormones ou de ces neuromédiateurs. Elles participent également à la représentation que l'on a de soi. Cette représentation, consciente ou non, explique les troubles du comportement alimentaire, mais aussi que certaines parties du corps se chargent de graisse plus que d'autres. Nous verrons de quelle manière au fil de ce livre, mais auparavant je vais développer cette notion de *schéma émotionnel* du corps.

---

1. L'amygdale, le néostratium et le cortex orbitofrontal.
2. Ce sont des zones de sécrétion de dopamine (un neurotransmetteur qui induit du bien-être mental) activées par certaines substances.

L'influence de nos émotions sur notre corps

Nos émotions ont une influence sur notre aspect et notre allure, par différentes manières.

La façon dont on s'habille va être fonction de notre humeur et de l'image que l'on veut donner, comme de celle que l'on a de soi. Notre tenue sera, selon notre état, guindée, assurée, décontractée… On perçoit les épaules rentrées, le regard baissé, les pieds en dedans du timide ou bien la tête droite, le regard perçant, le buste en avant de la personne contente d'elle.

Plus structurellement, les kilos émotionnels vont se loger en des endroits différents du corps, selon la physiologie bien sûr, mais aussi selon leur signification symbolique.

Les émotions agissent aussi sur la taille, qui ne dépend pas seulement de nos gènes et de l'alimentation (on a vu que les enfants d'Asiatiques installés aux États-Unis au XXe siècle ont eu une croissance spectaculaire par rapport à leurs ascendants), ce qui est un des facteurs explicatifs des différences de taille au sein d'une même famille. L'exemple extrême est le nanisme psycho-social dont sont affectés par exemple des enfants ayant présenté un état dépressif sur plusieurs années ni décelé ni pris en charge et qui sont victimes d'une croissance limitée. En effet, la dépression prolongée entraîne un abaissement de la sécrétion de l'hormone de croissance.

L'influence du corps sur les émotions

À l'inverse, notre apparence va jouer également sur nos émotions. Et cela par l'impact même de ce physique sur l'image que l'on a de soi comme sur celle que les autres ont de nous. Nous sommes jugés et l'on se juge en fonction de son aspect. Ce regard, ce jugement portés à notre endroit vont susciter des émotions positives ou négatives.

Longtemps les hommes gros étaient considérés comme forts. Être gros a été, pendant des siècles, synonyme d'être bien portant et riche. Aujourd'hui, l'ordre des choses s'inverse en Occident. Être gros, c'est être faible, en mauvaise santé et l'obésité apparaît de plus en plus associée à la pauvreté (le surpoids est davantage répandu au sein des couches populaires) quand la minceur est associée à la richesse et à la santé. On a donc une mauvaise image de soi quand on se trouve gros. Même si persiste encore, surtout pour les hommes, l'image du bon gros sympa et rigolo – quoique la plupart des comiques aient aujourd'hui la taille fine ! Ces kilos en excès sont donc souvent source de mal-être et de frustration, ce qui peut générer des kilos émotionnels qui s'ajouteront aux kilos dus aux excès caloriques ou aux gènes.

La façon de se percevoir, gros ou maigre, costaud ou fluet, lourd ou léger, varie d'un individu à l'autre et n'est pas liée uniquement, loin s'en faut, à des critères purement objectifs de poids, taille, volume, masse graisseuse, osseuse ou musculaire. Les facteurs émotionnels ici jouent à plein. Telle personne menue, de petite taille, mal proportionnée, va se sentir l'étoffe et la force pour être président de la République. Telle autre de forte corpulence, enveloppée de muscle et de graisse, va se vivre comme une petite souris sans aucun poids, social notamment. Pour une même personne, la perception interne de son poids, à poids objectif constant, est également variable. Elle dépend des circonstances externes : ainsi, dans l'ascenseur ou dans un manège de fête foraine, les jeux de gravitation modifient notre perception. La nature du sol influe aussi sur cette sensation : si l'on est debout sur un trampoline ou bien sur du macadam, on a l'impression de ne pas peser le même poids. C'est aussi vrai dans l'eau ou sous l'eau lors d'exercices en plongée sous-marine. La perception interne de son poids résulte aussi de notre position et de notre mobilité : allongé ou debout, on perçoit son poids différemment : plus lourd en bas qu'en haut quand on est debout par exemple. Selon que l'on est immobile depuis longtemps ou que l'on court, la perception de notre poids est variable. L'ensemble de ces facteurs (émotionnels, physiques et environnementaux) s'illustre dans ce témoignage de Leïla : « Ce merveilleux matin de juillet, en vacances avec mon amoureux, je courais pieds nus sur cette plage déserte, la brise chaude m'embrassait, je ne me suis jamais sentie aussi légère. »

L'image que l'on a de soi diffère également en fonction de l'âge, même si, une fois adulte, les modifications qui se produisent progressivement n'ont rien à voir en termes d'importance avec celles qui occupent le développement du jeune enfant ou encore de l'adolescent.

Il y a dans notre cerveau une représentation de notre corps qui évolue bien sûr en fonction des changements corporels qui se passent tout au long de notre existence, mais aussi en fonction des événements qui nous touchent émotionnellement. Pour résumer, il y a deux cartes de notre corps dans notre psychisme :

La première carte s'appelle *schéma corporel.* Elle est dessinée par l'arrivée des nerfs et de la sensibilité, interne et externe, dans le cerveau. Elle est peu différente d'un individu à un autre ;

La deuxième carte, que l'on pourrait nommer notre

schéma émotionnel, est plus spécifique à chacun. Chaque partie du corps y est illustrée différemment selon la façon dont elle est investie émotionnellement au cours du développement.

S'il s'agissait des cartes d'un pays, on verrait sur la première le nom des villes plus ou moins importantes, des départements et des régions. Quant à la seconde, elle porterait les marques de nos voyages et de notre vécu : par exemple, telle région serait colorée en noir car on ne la connaît pas, telle autre en bleu car on l'a aimée, tel département aurait un écusson car c'est celui dont notre famille est originaire, etc.

Le schéma corporel

Le schéma corporel, notre carte neurologique, se localise bien précisément à la surface du cerveau : la partie latérale gauche (le lobe pariétal). Il donne la conscience de son propre corps. Il confère la possibilité de le visualiser, de conserver son équilibre et, grâce à ses perceptions, de le diriger convenablement. Si un moustique nous pique sur la cuisse, la zone correspondante est stimulée dans le cerveau et nous désigne l'endroit de la douleur et, en l'occurrence, de l'agression. On localise de même les sensations émanant d'organes internes, comme les palpitations d'un cœur qui bat la chamade.

Le schéma corporel n'est absolument pas proportionnel à notre corps véritable puisqu'il est fonction du degré de sensibilité de chacune de ses parties. Ainsi, le ventre et le dos, peu innervés, occupent une place très réduite dans la représentation. En revanche, le visage, les mains, ou encore les organes génitaux, particulièrement innervés, couvrent un grand espace. Cette distribution de l'innervation, différenciée d'une région du corps à une autre, donne au schéma corporel une allure de gargouille avec un petit corps et des membres très réduits qui contrastent avec une tête, des organes sexuels et des extrémités prédominants. Elle est grosso modo la même pour chacun de nous. Au cours du développement de l'enfant, qui est rapide par rapport à la relative stabilité de celui des adultes, les plans de montage sont à chaque fois réactualisés. Ainsi, au cours de l'adolescence, la maladresse s'explique par une adaptation nécessaire au nouveau corps qui voit le jour.

Notons que les zones graisseuses, n'étant pas innervées, n'apparaissent pas dans le schéma corporel ; celui-ci n'est donc pas modifié chez l'obèse. En revanche, si le surpoids à long terme influe sur la sensibilité nerveuse, il est possible que cela s'inscrive dans le schéma corporel.

Le schéma émotionnel

Le schéma émotionnel du corps pourrait correspondre à ce que Françoise Dolto décrivait, dans un ouvrage éponyme remarquable, comme l'« image inconsciente du corps ». Il n'est pas lié à une perception comme la vue ou l'odorat, il n'est pas élaboré à partir des nerfs de la sensibilité externe ou des organes internes comme le schéma corporel, mais il correspond à une représentation psychique dont les soubassements sont inconscients. Alors que le schéma corporel est commun à tous, le schéma émotionnel est, lui, spécifique à chacun.

Il est façonné à partir de notre histoire singulière, de nos désirs, de nos émotions, de notre imaginaire et du sens intime que nous avons donné à chacune des expériences où notre corps a été en jeu. Il se met en place progressivement. Le nouveau-né se perçoit comme un tout avec son environnement et, au fur et à mesure de ses expérimentations, de ses apprentissages et de ses ressentis émotionnels, il différencie ses espaces intérieur et extérieur comme il se différencie des autres mentalement. Tout au long du développement de l'enfant, le schéma émotionnel est l'objet d'un remaniement permanent. Chacun de nous va se représenter l'ensemble de son corps et ses différentes composantes en fonction de ses propres expériences émotives et des perceptions qui s'y rattachent. Le schéma émotionnel nous confère le sentiment de notre corps vivant, entier, avec des limites propres, et contenant des affects et une pensée. Nous avons ainsi une représentation de notre corps statique qui s'installe à partir de l'âge d'un an et demi et une représentation fonctionnelle des différentes actions de notre organisme.

C'est par l'interaction avec un autre et notamment le parent maternant, dans un état relationnel où la perception sensorielle et l'éprouvé émotionnel s'imbriquent étroitement, que ce schéma se construit tout petit. Le nouveau-né associe ses différents éprouvés, son « moi-peau », son « moi-bouche », tout en s'identifiant à un tiers maternant. Alors, ces différentes pièces de puzzle, ces différents ressentis se relient et forment peu à peu le schéma émotionnel.

Les troubles du schéma émotionnel

C'est la notion de schéma émotionnel du corps qui permet de comprendre un certain nombre de troubles de la conscience de soi :

– la notion de membre fantôme : quand une personne est amputée d'un membre, il lui arrive de le ressentir durant des années, en général douloureusement, comme si ce membre était toujours présent ;

– dans la pathologie anorexique avancée, les jeunes filles continuent de se voir grosses alors qu'elles n'ont que la peau sur les os ;

– dans la dysmorphophobie, qui se déclare généralement à l'adolescence, la personne se fixe sur une partie du corps de façon durable et envahissante. Cela peut toucher toutes les parties de l'organisme, mais certains segments sont statistiquement plus souvent concernés : le nez, les seins, le pénis, la qualité de la peau. Dans la réalité, il n'existe pourtant pas de différence majeure avec la norme. Ce trouble du schéma émotionnel est souvent transitoire et s'explique par les remaniements physiques considérables à l'adolescence qui font que le jeune doit s'habituer à sa nouvelle anatomie. Si le trouble persiste, il faut consulter un médecin spécialiste qui cherchera son origine dans l'histoire affective du sujet. La dysmorphophobie témoigne notamment d'un trouble de la relation dans l'enfance, venue altérer l'élaboration du schéma émotionnel du corps. Par exemple, l'enfant a pu construire une image du corps perturbée dans son architecture par des carences, des stimulations excessives ou des rythmes incohérents lors du maternage ; ou encore à la suite de maltraitances physiques ou sexuelles.

Toujours à l'adolescence, les troubles du schéma émotionnel s'expriment par de fréquentes impressions d'étrangeté de leur propre corps que les ados concernés considèrent comme menacé dans son intégrité ou dont ils se sentent par moments dépossédés. Cela se manifeste dans leurs cauchemars qui sont alors gorgés de déformations ou de désintégrations corporelles ; dans leurs dessins illustrant des personnages déstructurés ou des scènes « gores » qui tranchent avec les dessins d'enfants très ordonnés ; dans leur intérêt pour les films d'horreur ou fantastiques (où les personnages sont mi-hommes, mi-robots ou mi-animaux, ou encore des entités extérieures, type aliens qui prennent le contrôle des humains) ; ou cela s'exprime explicitement dans leurs propos, quand les ados sont en confiance et ne craignent pas de passer pour fous.

Ce concept de schéma émotionnel permet de comprendre également que des personnes qui ont été longtemps obèses continuent de se sentir grosses à la suite d'un amaigrissement, et que leur psychisme leur impulse l'ordre de manger pour retrouver leur image antérieure ; et, à l'inverse, que des personnes en surpoids se rêvent minces, ce qui démontre que ces kilos en excès ne sont pas intégrés positivement dans l'identité, mais sont chargés négativement ou ne font office que de protection (les kilos jouant le rôle de carapace ou d'édredon).

Le schéma émotionnel de notre corps, c'est donc la représentation abstraite de notre corps. Le fait que chaque région du corps soit chargée d'émotions et de symboles explique que chacun a de soi une représentation singulière, unique, et ne se vit pas seulement comme un amas de chair et d'os. Alors que le schéma corporel neurologique fait du corps une machine, le schéma émotionnel en fait une œuvre d'art.

La mémoire des kilos

Le cerveau garde en mémoire l'image du corps, son volume, son poids peut-être. Et quand par un régime trop strict on perd rapidement du poids, il cherche à retrouver son habitacle habituel en faisant en sorte, via les comportements alimentaires, les sécrétions hormonales, le niveau d'activité et de veille de l'organisme, que le corps retrouve volume et poids antérieurs. Le cerveau humain est conservateur et n'aime guère les changements trop brutaux.

Alors, la mémoire ennemie de la perte de poids ? Pas seulement. On peut s'en faire une alliée. D'abord parce que la mémoire n'est pas gravée dans le marbre des neurones. Elle évolue. Elle se modifie sans cesse.

En sus de la mémoire individuelle, il y a la mémoire collective. Nous nous conformons à l'image que les autres attendent de nous. Et les cerveaux d'autrui sont aussi conservateurs que le nôtre. Habitués à une image de nous-mêmes, ils voudraient que nous restions conformes à cette image.

Il faut se méfier de ses souvenirs car ils réécrivent l'histoire. L'événement est perçu dans une version particulière où ses différents détails vont être perçus de façons différentes. Et les reviviscences vont conduire à exagérer ou à effacer tel ou tel détail. Ainsi, de réécriture en réécriture, le souvenir s'éloigne de la réalité. Les émotions modifient l'ensemble des composantes de la mémoire en exagérant ou en annulant certains détails mémorisés et le sentiment de réalité d'un souvenir.

La mémoire, en retour, participe grandement à la

construction, et de fait à l'image que l'on a de soi, et définit en partie le rapport que l'on a avec les autres.

C'est en travaillant sur les différents types de mémoire (mémoire épisodique, sémantique, celle des connaissances générales) que l'on peut acquérir une nouvelle image de soi, se voir autrement, se considérer autrement, et considérer autrement son environnement. La représentation de soi évolue, grâce à l'expérience de la vie mais aussi à un travail personnel sur sa mémoire qui peut être mené avec un psychologue ou un hypnothérapeute. La construction mnésique de soi peut être modifiée. La répétition interne des souvenirs, qui consiste à repenser, à écrire ou à communiquer à autrui, fait ressortir certains détails qui modifient le tableau. C'est pourquoi parler de soi, de celle ou celui que l'on est, mais aussi que l'on était, modifie l'image que l'on a de soi. La répétition externe, qui consiste à revivre des événements similaires à ceux que l'on a vécus, y contribue aussi grandement. On le constate aisément quand on revoit à des années de distance un film qui avait marqué notre mémoire épisodique : le film ne nous touche pas de la même façon, des scènes qui nous avaient marqués ne nous touchent plus mais, à l'inverse, on relève des détails visuels, sonores, ou des messages que l'on n'avait pas perçus ou dont on n'avait pas gardé trace. De même, nos relations affectives présentes peuvent permettre de retrouver des situations affectives passées et de les revivre différemment. Revivre un événement en répétition externe permet de passer de l'épisodique au sémantique, de sémantiser l'événement, c'est-à-dire de lui donner du sens. Par exemple, un enfant qui va au restaurant pour la première fois en gardera une trace émotionnelle singulière dans sa mémoire épisodique, et plus il retournera dans de grands restaurants, plus il apprendra des choses sur la restauration en général – ce qui mettra en jeu sa mémoire sémantique –, plus sa mémoire épisodique s'effacera, transformant la carte émotionnelle qu'il a de lui. Or la modification de notre carte émotionnelle a des conséquences sur la distribution émotionnelle de nos graisses.

Le corps est construit émotionnellement, il est chargé d'émotions par le psychisme. Quoi de plus logique, en conséquence, que le psychisme charge émotionnellement ce que l'individu consomme ? Et que l'on mange différemment en fonction de nos émotions ? Nous sommes tous, à des degrés divers bien sûr, des « mangeurs émotionnels [1] ».

1. Comme les nomme Daryl O'Connor, de l'université Leeds.

2

Repérer ce qui nous pousse à manger

La nourriture n'est pas uniquement un matériel de construction ou un combustible pour le corps. Elle est partie prenante de notre système émotionnel. C'est une évidence quand on observe un enfant qui est consolé par une pâtisserie ou une sucrerie. À tout âge, le boire comme le manger peuvent offrir un réconfort, combler un vide, compenser l'ennui ou atténuer la tristesse. Une mauvaise régulation de nos émotions peut induire des variations de poids sans qu'il existe de véritables excès alimentaires ou des troubles du comportement alimentaire. C'est pourquoi les régimes ou les exercices physiques seuls sont souvent insuffisants pour diminuer de façon durable une surcharge pondérale.

Les variations de notre état psychologique, affectif, ou relationnel influent sur notre façon de nous alimenter en quantité comme en qualité. Les mangeurs émotionnels se tournent vers la nourriture quand ils se sentent anxieux, émotifs ou négatifs envers eux-mêmes. Fixer leur attention sur les aliments et leur prise est une manière de fuir en pensée ces émotions négatives, mais aussi d'éviter la conscience de soi. Une prise alimentaire excessive s'explique parfois par une tentative d'étouffer l'irruption en soi de pensées, de souvenirs, de sentiments ou d'émotions pénibles. C'est aussi une voie conduisant au plaisir, facilement accessible, destiné à compenser une contrariété, une frustration, de la tristesse ou de l'inquiétude. Manger de façon débridée se conçoit aussi émotionnellement comme un passage à l'acte agressif que l'on contient et que l'on dirige contre soi. Des expressions telles que : « Je l'aurais bouffé », « Je n'en ferais qu'une bouchée », « J'ai ravalé ma haine », « avaler le morceau » ou « la pilule », « se manger le nez » ou « avoir une faim de loup » illustrent bien la dimension agressive que sous-tend quelquefois l'acte de manger.

Émotion contre volonté

Sur un plan émotionnel, il arrive que devenir mince accentue pour la personne le devoir de réussite. En effet, se sentir trop gros permet de justifier à ses propres yeux, comme aux yeux de l'entourage, ses éventuels échecs affectifs, professionnels ou autres. Si cet argument disparaît, on se retrouve alors sans excuse pour affronter une réalité déplaisante. C'est pourquoi il peut exister des résistances émotionnelles à devenir mince même si on le veut avec force et que l'on fait tout pour cela. Les émotions et la volonté peuvent s'opposer et ce n'est pas toujours, loin s'en faut, la volonté qui gagne.

Une étude récente, publiée dans le magazine *Obesity,* montre que les personnes qui ont tendance à manger pour des raisons émotives ont davantage de difficultés à perdre du poids ou à maintenir une perte de poids acquise. Les participants à l'étude, des personnes qui avaient réussi à perdre au moins quinze kilos et s'étaient stabilisées pendant un an, ont répondu à un questionnaire. Ce questionnaire récoltait les prises alimentaires répondant à des critères émotionnels (par exemple, manger pour se consoler, combler l'ennui, se donner une prestance, manger en cas de malaise), à des critères de raison (manger par faim) ou à des critères sociaux (manger entre amis, par convivialité). Les résultats indiquent que plus un candidat a de réponses correspondant à des facteurs émotionnels de prises alimentaires, moins il perd de poids. En outre, ceux ayant réussi à perdre du poids (en moyenne 10 % de leur poids initial) ont plus tendance à le récupérer dans les cinq années suivantes. L'étude montre également que les critères sociaux affectent moins que les critères émotifs et de raison. C'est sans doute parce qu'ils sont plus occasionnels (on ne sort pas tous les jours en société) et que les kilos qu'ils font prendre peuvent être compensés par une régulation lors des repas suivants.

Deux cas d'émotions handicapantes

On a vu que la construction du schéma émotionnel du corps est corrélée à l'investissement émotionnel de chaque région du corps au cours du développement, en fonction des expériences de vie de chacun. Ainsi, des vécus psychiques particuliers peuvent venir se loger dans la construction physique ou bien s'inscrire dans sa dynamique fonctionnelle. Voici, pour illustrer cette dernière notion, le cas d'un patient que j'ai reçu.

Depuis ses trois ans et demi, Jonathan était malhabile de son bras droit. Pourtant il n'était pas gaucher, mais il se trouvait simplement, par défaut, plus adroit de ce côté. Son père, professeur de gymnastique avait lui-même constaté cette anomalie. Il avait alors pris l'avis d'un neurologue qui ne découvrit aucune explication médicale et qui prescrivit des séances de psychomotricité pour renforcer le bras droit. Ces séances furent poursuivies pendant trois années sans effets notables.

J'ai personnellement reçu Jonathan pour la première fois quand il était âgé de seize ans, pour un autre motif. Sa maladresse avait disparu déjà depuis deux ans. Lui l'avait oubliée. Ce sont ses parents qui m'en ont parlé quand je les ai questionnés sur les antécédents de l'adolescent. En m'enquérant des détails, j'ai appris que la maladresse était apparue peu après la naissance d'un petit frère. Un épisode significatif m'a alors été révélé : Jonathan, jaloux de ce puîné comme beaucoup d'aînés, avait dans un accès de colère frappé d'une fourchette le visage du bébé, provoquant une grande frayeur chez les parents. Il fut sévèrement réprimandé. La maladresse de Jonathan se fit jour à la suite de cet accident. Jonathan avait alors probablement intégré, dans le schéma émotionnel de son corps, son bras droit comme menaçant, et l'avait inconsciemment limité sur un plan fonctionnel. Plus tard, les remaniements de l'adolescence réhabilitèrent d'eux-mêmes ce membre. Et ce d'autant plus facilement que Jonathan, à quatorze ans, intégra un internat. Le petit frère était hors de portée et, en outre, n'était plus un bébé fragile. De surcroît, Jonathan se détachait de ses liens de dépendance et d'autorité vis-à-vis de ses parents. Il se voyait comme un autre, et comme un autre, il n'était plus menaçant de la même façon.

Différents types de vécus psychiques peuvent se traduire dans le corps. C'est une conversion du psychisme dans le somatique. Ce peut être, par exemple, un événement traumatique ou un désir intense qui doit être refoulé en raison d'un veto imposé par l'entourage ou par le sujet lui-même qui juge coupable un tel désir. Le cas de Juliette est celui d'une conversion somatique portant sur le poids.

Juliette a sept ans quand je la reçois pour une obésité infantile. Elle est la fille unique d'un couple qui s'est désagrégé peu à peu, jusqu'à leur séparation quand l'enfant avait cinq ans. Sa mère s'est toujours occupée de sa fille avec une attention soutenue. Son père en revanche, bien qu'attaché à l'enfant, n'est guère présent physiquement car son emploi du temps lui a toujours imposé de fréquents voyages d'affaires à l'étranger. Ce qui n'empêche pas Juliette d'avoir beaucoup de ressemblances physiques avec son père, prénommé d'ailleurs Julien. Le surpoids de Juliette est apparu au moment du divorce et n'a fait que s'amplifier. Des régimes prescrits par le pédiatre n'ont permis qu'une perte modérée car Juliette a toujours faim. Ce que la psychothérapie de l'enfant a mis en lumière, c'est que si le divorce est bien à l'origine du surpoids, ce n'est pas par un effet traumatique, mais en raison de la culpabilité qu'il a générée chez l'enfant. En effet, c'est la construction œdipienne de Juliette qui s'est trouvée déstabilisée. La fillette s'est largement identifiée à son père, physiquement, en empruntant ses mimiques, ce qui était facilité par des traits physiques communs, mais aussi en termes de personnalité. Et c'est en direction de sa mère qu'elle a dirigé ses élans amoureux. Ce « choix » de l'enfant a été renforcé par la relative absence du père et par l'amour maternel qui poussait notamment la mère de Juliette à dormir avec sa fille quand son mari était en voyage d'affaires puis après le divorce en raison des plaintes de Juliette qui disait avoir peur de dormir seule. Juliette, à sept ans, n'a toujours pas renoncé à être la petite femme ou le petit mari de sa mère, mais ce désir est contrarié par la culpabilité. En effet, elle s'imagine responsable du divorce de ses parents, comme si sa mère avait quitté son père pour elle. Elle n'a de cesse depuis de tenter de refouler son désir, ce qui se traduit par une conversion somatique à type d'obésité. Pourquoi l'obésité et pas un autre symptôme ? Le choix des modes de conversion répond à des critères symboliques et spécifiques à l'histoire de chacun. Dans le cas de Juliette, l'hypothèse que j'ai formulée est que Juliette a inconsciemment fixé ses élans amoureux œdipiens vis-à-vis de sa mère sur un plan oral uniquement, afin de ne pas laisser libre cours à un hypothétique désir génital. C'est-à-dire qu'elle s'est fixée sur le mode de relation qui dominait avec sa mère quand elle était bébé et que celle-ci lui donnait le sein puis le biberon. Afin de ne pas aimer sa mère comme une femme[1] aimerait une autre femme, elle s'est mise en situation de l'aimer comme un bébé aime sa mère. Mettre son énergie amoureuse sur la sphère orale débride cette pulsion qui, pour se satisfaire, pousse à manger sans cesse. La prise en charge psychothérapique de Juliette et de ses parents permit, en association avec un suivi diététique, un retour à un poids acceptable en une année.

Une prise en charge précoce des prises de poids émotionnelles est importante pour prévenir une obésité de l'adulte car, une fois installée, très éloignée temporellement de l'origine des troubles, elle résisterait davantage à son analyse thérapeutique.

---

1. Car une petite fille ou un petit garçon en période œdipienne s'éprend comme un(e) grand(e).

Un journal de bord

Pour agir sur les prises alimentaires en lien avec les émotions, il faut d'abord les repérer. Je nomme *prises alimentaires émotionnelles* les consommations d'aliments ou de boissons qui ne répondent pas à un besoin énergétique de l'organisme que la faim ou la soif générerait, mais à une variation émotionnelle, quelle que soit sa nature, qui pousse à manger ou boire.

Pour les repérer, on peut tenir un journal de bord sur lequel on notera systématiquement toutes les prises alimentaires au cours de la journée, sans se retenir de manger pour autant. L'heure de la prise et la quantité ingérée seront relevées. On notera aussi le degré de faim qui précède, selon son propre gradient évalué de 0 à 10. Sera également consigné au sein de ce journal, et c'est un point fondamental, le type d'émotion éprouvée avant de manger : colère, tristesse, inquiétude, désarroi, ennui… Ce repérage est difficile car les prises alimentaires émotionnelles concernent souvent des personnes qui ont du mal à différencier leurs émotions, confondues volontiers avec une sensation de manque prise pour de la faim. Sur le moment même, il n'est pas toujours facile de réfléchir à l'émotion perçue. En revanche, le soir, au repos sur son lit, alors que notre esprit revisite la journée écoulée, c'est sans doute le bon moment pour établir un bilan des émotions ressenties.

Dans un second temps, pour chaque émotion, on notera les raisons de son apparition : la première qui vient à l'esprit et d'autres peut-être plus profondes, plus cachées. Par exemple, la colère contre la fille de votre mari qui laisse traîner ses affaires dans le séjour apparaît comme la première raison de votre émotion ; la raison profonde, qui rend votre belle-fille irritante à vos yeux, est peut-être que votre compagnon apparaît bien souple avec elle tandis qu'il se montre trop exigeant dans d'autres registres avec vous. La colère que vous éprouvez contre votre belle-fille cache ainsi un ressentiment à l'égard de votre compagnon.

Une fois repérées ces prises alimentaires émotionnelles, il s'agira d'y répondre de façon appropriée. À chaque émotion, une réponse spécifique pourra être trouvée, notamment une fois la cause profonde révélée. Mais en l'absence d'un repérage immédiat, des relais à une prise d'aliments existent.

Comment faire ?

Si vous avez réellement faim, il faut manger. Car la restriction alimentaire crée des frustrations et provoque à moyen terme une mauvaise perception du sentiment de faim. Mais si vous voulez manger alors que vous n'avez pas véritablement faim, il faut faire autre chose. Pour cela, on doit être capable de repérer ses différentes émotions, mais aussi de distinguer les signaux de la faim des autres ressentis.

La faim, ce sont les signes provoqués par la baisse du taux de sucre dans le sang : un creux à l'estomac associé à une irritabilité, une fatigue, une salivation et la tête qui tourne. Mais on peut aussi avoir envie de manger pour se faire plaisir, par gourmandise.

S'il est question de plaisir, sachez que ce sont les premières bouchées qui font le plus plaisir. Au-delà, le plaisir est de moins en moins intense. Alors faites-vous plaisir en conscience, sans vous tromper : si c'est du plaisir, ce n'est pas de la faim, alors au lieu de manger, goûtez !

Si vous sentez que ce n'est pas la faim qui vous anime sans pour autant déterminer le mouvement émotionnel en cause, plongez-vous dans la liste – que vous aurez établie au préalable – d'activités qui pourraient vous détourner de l'absorption réflexe de nourriture, en privilégiant les conduites faciles à adopter. Ce peut être téléphoner à un ami, se promener, prendre un bain, lire un livre, se préparer une boisson chaude sans sucre. Ou bien plus globalement « bougez », c'est-à-dire engagez-vous dans n'importe quel type d'activité à l'extérieur afin de libérer les émotions et limiter ainsi le risque de repli sur la nourriture. Sortir de chez soi limite ce risque même si aujourd'hui on peut manger de plus en plus facilement à toute heure du jour et de la nuit.

Dessiner, jouer d'un instrument, sculpter, toutes ces activités créatrices sont propices à l'expression émotionnelle, quel que soit le type d'émotion en question.

Si vous avez appris à discerner les différents ressentis qui vous poussent à manger, agissez en fonction d'eux pour les exprimer ou simplement les évacuer. Nous verrons cela en détail. Mais le plus gros du travail passe par le repérage des émotions notamment ces émotions négatives qui déclenchent des prises alimentaires.

Identifier ses émotions négatives

S'il n'est pas toujours facile de repérer ses émotions, c'est qu'elles avancent souvent masquées. En effet, une même émotion peut s'exprimer sous des formes diverses. Une émotion est dissimulée quand elle n'emprunte pas les voies d'expression habituelles, socialement ou chez un individu. Par exemple, une personne triste qui ne pleure pas, s'active et porte un masque souriant, peut se cacher à elle-même qu'elle est triste. Cette ignorance de son véritable ressenti est plus fréquente qu'on pourrait le croire. De plus, il n'est pas rare de ressentir plusieurs émotions en même temps et il est alors difficile de les démêler. En outre, une émotion porte en elle des degrés et des modalités diverses : on peut être coléreux, irritable, emporté, soupe au lait, rageur, excitable, mécontent, grincheux… Il arrive que les émotions négatives ne se distinguent pas parce qu'elles sont réflexes et noyées dans l'ensemble de réactions vis-à-vis desquelles on a souvent peu de recul. Enfin, une même émotion peut être négative ou positive selon la durée et les circonstances.

Les émotions négatives les moins aisées à repérer sont celles qui sont installées de longue date, de façon chronique. Quand elles apparaissent aiguës, on les identifie évidemment plus facilement. Ainsi, un état de tristesse inhabituel après un coup dur se discernera facilement tandis qu'un état de tristesse ancien, accompagnant un état dépressif, ne se remarquera plus.

Comment faire ?

Les émotions négatives les plus courantes sont la colère, l'envie, la jalousie, la tristesse, l'anxiété, la honte, l'ennui, la passion, l'embarras, la culpabilité, le désenchantement, la frustration, la douleur morale, le manque de confiance en soi. Encore une fois, chacune d'elles se décline en émotions spécifiques qu'il vous faudra définir. Ce n'est pas une simple question de vocabulaire car chacun de ces termes détermine avec précision un état. S'il n'est pas indispensable d'être perfectionniste dans la description de son ressenti, plus on s'en approchera, plus il sera commode de s'en départir. Les dictionnaires de synonymes ne sont pas uniquement destinés à éviter de répéter deux fois le même mot dans un courrier. Ils servent aussi à découvrir ce que l'on veut dire et ce que l'on ressent précisément.

Commencez par repérer la couleur de chacune de vos émotions et, dans un second temps, repérez sa teinte exacte, sa nuance adéquate. Pour le désenchantement par exemple, on expérimentera diversement le fait d'être déçu, désappointé, amer, consterné, dégoûté, dégrisé, désabusé, désillusionné, dépité, las… On est ce que l'on ressent, et connaître explicitement ce que l'on ressent participe de cette nécessité, fondamentale pour se débarrasser de son surpoids émotionnel, de connaître son identité intégrale.

Parmi les méthodes de repérage de ses émotions, l'une d'elles consiste à essayer de les ressentir expérimentalement, en s'imaginant dans des situations susceptibles de les produire. Prenons la déception : imaginez qu'un ami dont vous attendez qu'il vous rende un service vous fasse faux bond par exemple. Créer imaginairement des émotions singulières aide à les identifier quand elles surviennent.

On apprendra ensuite à distinguer quand une même émotion est positive, négative ou neutre selon la situation, le contexte ou les circonstances. Se sentir momentanément honteux parce qu'on a commis une erreur sans conséquence majeure et que notre supérieur hiérarchique nous l'a fait constater est une émotion neutre en ce sens qu'elle est adaptée. Cette honte serait négative si elle perdurait le lendemain, ou elle s'apparentait à un sentiment d'humiliation ou de déshonneur. À l'inverse, elle peut devenir positive si elle nous pousse à réparer notre erreur ou stimule notre concentration, ce qui serait susceptible de nous rendre plus performants et nous assurerait une reconnaissance de la hiérarchie.

Pour chacune des émotions négatives décelées, on étudiera les pensées et l'attitude qu'elle suscite, ainsi que les émotions secondaires : par exemple la culpabilité qui fait suite à une colère.

Comment réagir à ses émotions

Une fois repérée une émotion négative, il importe d'agir dessus par la pensée et le comportement afin de limiter son impact délétère. Voici quelques exemples associés à des conseils sommaires, mais nous y reviendrons plus en détail.

Si vous éprouvez de l'anxiété, l'attitude à adopter est la suivante : évitez des situations susceptibles de la déclencher, modifiez les pensées qui font suite à cette réaction émotionnelle ainsi que les comportements ou les émotions secondaires. Dites à voix haute ce qui vous inquiète. Et rappelez-vous les moments d'anxiété que vous avez connus plus jeune : ils vous envahissaient alors, pourtant c'est aujourd'hui du passé. Enfin, recherchez des solutions en les mettant par écrit.

Si vouz ressentez de la colère, ne la refoulez pas. Râlez tout haut. Téléphonez à une amie pour vous plaindre ou, mieux, directement à la personne concernée. Profitez du putching-ball ou du jeu vidéo de votre fils pour vous défouler. Écrivez votre colère sous forme d'une lettre ou d'un mail que vous enverrez ou non et dans lequel apparaîtra l'ensemble de vos ressentiments et leurs raisons, ainsi que ce qui pourrait faire que vous pardonniez au responsable.

Si vous êtes triste, laissez couler vos larmes. Le processus biochimique qui les accompagne aura un effet d'apaisement. Écoutez une musique ou prenez un livre que vous avez déjà lu et qui vous a fait du bien. Étudiez bien sûr les raisons apparentes et plus profondes de ce chagrin.

C'est parfois l'envie qui crée des kilos émotionnels, comme dans le cas d'Amélie, envieuse du physique d'une collègue. La fréquenter au quotidien dans le cadre professionnel entretient ce sentiment qui s'est chronicisé. La pensée d'Amélie s'est chargée de négativité, qui s'est concrétisée, par un mécanisme de somatisation, en stockage de graisse. Parmi les réactions négatives d'Amélie, citons : le fait d'en vouloir à sa collègue, la critiquer (l'objectif est alors de ne plus l'envier en lui trouvant des défauts), se réjouir de ses difficultés éventuelles, chercher à lui nuire, faire une fixation sur elle. En outre, Amélie s'est mise à déconsidérer sa propre amélioration physique, entreprise pour tenter d'atténuer la rivalité, au regard de la différence qui persiste avec le physique merveilleux de la collègue. Pour Amélie, et pour d'autres dans le même état émotionnel, il serait salutaire de considérer que : le bonheur est possible, même si on n'est pas aussi bien physiquement que telle ou telle collègue ; que l'on juge quelqu'un sur son identité globale et pas sur un seul aspect ; qu'envier cette collègue justifierait d'envier des milliers d'autres femmes ayant des physiques de rêve ; que cette collègue pourrait au contraire jouer le rôle de modèle à suivre et qu'on pourrait se donner les moyens d'être aussi bien faite qu'elle, quitte à s'en faire une alliée.

Pour résumer, il importe de repérer la *nature* des émotions ressenties, les *nuances* de ces émotions, de déceler les *circonstances* qui les font naître, de déterminer nos *réactions mentales*, *comportementales* et *émotionnelles*. Et enfin, d'agir sur tous ces points.

Mais avant de détailler vos émotions actuelles et les moyens d'y faire face, voyons maintenant l'origine des pulsions de ce mangeur émotionnel qui, à l'intérieur de vous, crie famine.

Ces pulsions qui nous font prendre des kilos

Nous sommes des êtres de désirs : désir d'avoir, d'être, de confrontation, d'échange, de conquête, de conservation, de savoir, de possession… Dès notre naissance, et peut-être même avant, notre psychisme est envahi de pulsions innées, à l'état brut, qui seront ensuite cultivées par notre éducation. Ces pulsions constituent l'énergie vitale, elle-même source de la croissance physique, intellectuelle et affective de l'enfant.

Selon les théories psychanalytiques, le nouveau-né, qui n'est pas apte encore à une expression élaborée de ses désirs, est soumis à un ensemble de pulsions. Ces pulsions sont des processus actifs qui naissent en différentes zones corporelles excitables. La finalité d'une pulsion est de se satisfaire, par le soulagement de la tension née de l'excitation. Il existe pour chacune d'elles différents moyens d'y parvenir, et chaque individu privilégie certaines voies plutôt que d'autres, car si les pulsions sont communes à tous, chacun les apaise à sa manière.

Par exemple, la pulsion orale trouve son origine dans une vaste région du corps qui inclut la bouche et toute la zone buccale : le tube digestif supérieur, la zone respiratoire, les organes de la parole et l'ensemble des organes sensoriels. Dans ce cas, la sensibilité de ces organes (les lèvres, le palais et la langue sont richement innervés) et des nerfs gérant la sensorialité (nerf optique, nerf auditif, nerf gustatif) joue à plein. La satisfaction est donnée par l'alimentation et secondairement par les apports de toutes sortes. Cette satisfaction est un moteur indispensable à l'existence humaine puisqu'elle pousse chaque individu en devenir à répondre aux besoins élémentaires que sont la prise de nourriture et les liens d'attachement avec l'entourage (la pulsion orale pousse aussi à la prise d'information et à la communication), indispensables aux êtres humains.

La pulsion orale : une pulsion vitale

La pulsion orale prédomine lors des deux premières années de vie car le nourrisson, qui n'est pas autonome dans ses déplacements et sa préhension, est centré, quant à son mode de contact avec le monde extérieur, sur la captation sensorielle et l'alimentation. Cela correspond chronologiquement au stade oral.

Le stade oral est le premier des stades de développement affectif tels que définis par Sigmund Freud à partir de ses observations cliniques, et confirmés par la suite dans sa description par de multiples travaux psychanalytiques. Dépourvu de langage, le nouveau-né va établir ses premières relations avec son environnement à partir de son corps. Les adultes chargés de son éducation, en prenant appui sur les compétences natives de ce corps et en les médiatisant, vont guider cette prospection et rendre possible son évolution et ses diverses acquisitions. Ses pulsions orales pourront être satisfaites par le contact avec le sein et le lait maternel, le biberon, la succion d'une tétine, le sucement de sa langue ou encore de ses doigts. Bref, tout ce qui se met en bouche comme tout ce qui est susceptible de s'écouler dans le pharynx et l'œsophage, le boire comme le manger, est susceptible de les combler. Plus tard, cette pulsion est assouvie toujours par le manger et le boire bien sûr, mais aussi par toutes les choses nouvelles que l'on met volontairement en bouche (la langue de sa ou de son partenaire amoureux, un chewing-gum, un cigare, le goulot d'une bouteille).

La pulsion orale pousse à s'alimenter : c'est donc une pulsion vitale. Par la satisfaction qu'elle procure, elle invite à répondre aux besoins fondamentaux qu'ont les humains de manger et de boire. Les pulsions et leur satisfaction ont remplacé chez l'humain l'instinct animal. C'est également vrai pour la sexualité. C'est ce qui nous permet d'être plus inventifs que l'animal dans tous ces domaines. Et ce qui nous donne plus de liberté – pour le meilleur comme pour le pire puisque seuls les humains pratiquent volontairement la chasteté ou la grève de la faim.

Du bouche à oreille et des yeux plus gros que le ventre

Mais la pulsion orale ne se limite pas à la bouche. On peut considérer qu'elle est composée de sous-branches en fonction des zones nerveuses concernées et des modes de satisfaction. Elle est satisfaite également par tout ce qui mobilise la sensorialité, par exemple le plaisir de l'écoute musicale. En fait, des connexions existent entre les sous-groupes de pulsions orales. Ainsi la gustation d'un aliment est-elle très liée à son odeur, ce qu'on vérifie quand on est enrhumé et que les aliments semblent avoir moins de goût. Ce lien goût-odorat est sans doute une combinaison propre à l'espèce. D'autres correspondances s'acquièrent chez certains individus, hélas pas toujours favorablement. Ainsi, les personnes habituées à manger en musique ou entourées de paroles ont besoin d'écouter la radio quand elles prennent leur repas seules. Sans parler de ceux qui, de plus en plus nombreux, et habitués très jeunes à cela, ne peuvent manger que devant un écran de télé, et se gavent d'images en même temps que d'aliments.

Cette notion est fondamentale pour notre sujet puisqu'elle explique que l'on peut se satisfaire oralement par d'autres voies qu'en mangeant. Il existe donc des recours, qui englobent tout ce qui satisfait nos sens : les caresses (le toucher en général), la musique et les paroles, les odeurs, les images (celles du monde réel, les figurations du réel en dessin ou en vidéo, ou encore celles élaborées par notre imaginaire) jusqu'au plaisir de la respiration (utilisé dans les techniques de relaxation). Selon ses goûts ou ses dégoûts (alimentaires ou sensoriels), et la façon dont ses différentes pulsions ont été « éduquées », c'est-à-dire selon les différentes manières dont l'entourage les a satisfaites jusqu'alors, chacun va élaborer son programme personnel de satisfaction de ses pulsions. Tel bébé n'aura droit qu'aux aliments comme mode d'échange avec son entourage. Tandis qu'à tel autre seront proposés des paroles, des caresses, des musiques, des parfums, des atmosphères différents, etc.

Au cours de son développement le bébé va associer mentalement des émotions et des représentations mentales à ses pulsions. Par exemple, si sa mère l'allaite, il va mentaliser très précocement le sein. En son absence, il pourra ainsi se satisfaire en mobilisant cette pensée. Il mentalisera des images de succion, d'absorption, de stimulations sensorielles, qui lui donneront une satisfaction virtuelle, en l'absence de satisfactions réelles. C'est un cinéma très privé que se crée le nouveau-né et cette compétence de mise en scène de ses désirs est fondamentale. Car elle déterminera la capacité future de l'enfant à supporter les frustrations des plaisirs liés à l'oralité, et notamment à l'envie de manger. Elle déterminera sa capacité à différer.

Tout fait ventre

Toutes les prises d'informations, que ce soit par la vue, l'odorat, l'ouïe, le toucher, etc., surfent sur cette dynamique de satisfaction dite « orale ». L'enfant avale du concret comme de l'abstrait puisqu'il apprend à penser à partir du concret de son corps. Il ingérera donc des aliments comme des concepts, comme plus tard il dévorera des livres. Le nourrisson incorpore véritablement les voix, les sons, les odeurs, les images comme les émotions, les sentiments, les désirs conscients ou inconscients, les mécanismes de pensée des personnes qui communiquent avec lui. Mais dans ce processus de captation, le nouveau-né, quand il satisfait sa pulsion orale, n'est pas inactif puisqu'il peut la censurer en partie. C'est le cas de bébés qui font de l'anorexie : ils limitent en quantité l'absorption d'aliments proposés par un adulte dont ils ne veulent pas avaler en même temps que la nourriture toute la charge anxieuse, par exemple, qui l'accompagne.

Freud parlait de pulsions « agressives orales ». Leur corollaire somatique, je pense, est l'apparition des dents. Ce type particulier de pulsions orales se révèle à l'enfant quand il perçoit qu'il fait se dissiper en lui la nourriture avalée et qu'il la détruit. L'agressivité orale est manifeste dans le plaisir de la morsure, mais aussi dans l'agressivité verbale quand la parole devient « mordante ». On voit que le fait de s'alimenter peut être très précocement dans le développement de l'enfant un acte chargé d'agressivité envers soi-même ou envers autrui, symbolisé par l'aliment absorbé.

Le plaisir de l'oralité ne disparaît évidemment pas une fois le stade oral passé. Il reste présent tout au long de l'existence à des degrés divers selon les individus.

D'amour et d'eau fraîche

Les pulsions orales notamment sont très présentes dans le comportement amoureux. C'est oralement, et donc sensoriellement, que le nourrisson s'est initié à l'amour. Cette oralité reste présente chez l'adulte dans l'ensemble de ses plaisirs amoureux. Le plus évident est le baiser bien sûr. Il y a aussi le plaisir du suçon ou du mordillement. À ces délices physiques s'ajoute le plaisir des mots d'amour, les mots doux ou salés que l'on entend ou que l'on dit. On « boit les paroles » de la personne aimée, on la « dévore des yeux », on se « nourrit » de sa présence, on veut en faire son « quatre heures » avant de « croquer » le fruit défendu. Sensoriellement, il y a le plaisir des caresses, des odeurs corporelles et de la voix aimée.

On voit que l'oralité tisse des liens profonds et indéfectibles entre la prise alimentaire, mode primordial de satisfaction orale, et les plaisirs du corps, la sensualité et les émotions. Ce qui explique encore une fois que la satisfaction des pulsions orales, qui est à l'origine du plaisir mental de manger, peut trouver un relais dans d'autres façons de satisfaire celles-ci, en faisant appel aux plaisirs sensoriels. Plus un enfant bénéficiera de modes différenciés de satisfaction de ses pulsions orales, grâce à une éducation qui l'aura accompagné dans le plaisir des caresses, des paroles, des chants, des musiques, des divertissements visuels, plus il deviendra un adulte qui pourra trouver d'autres satisfactions que celle de manger uniquement.

La culpabilité et le plaisir oral

À partir de trois ans, l'enfant acquiert la notion de culpabilité. C'est une étape fondamentale puisque la culpabilité prévient les comportements contraires à l'éducation. Même si elle ne s'invite pas toujours à propos, et l'on se sent parfois exagérément coupable d'actes ou de pensées qui ne portent pourtant pas préjudice à autrui.

La culpabilité, sans doute propre à l'espèce humaine, est liée essentiellement au mal que l'on pense faire, mais aussi au bien que l'on se fait. En effet, il n'est pas rare de se sentir coupable du plaisir que l'on prend, et parfois que l'on prend à faire du mal. La pulsion orale, comme toutes les autres pulsions (par exemple la pulsion sexuelle), peut être à un moment du développement vécue comme coupable, ou comme angoissante si elle est trop chargée de désir. L'éducation est vécue comme un ensemble de limites qui sont posées à la toute-puissance de l'enfant, et à ses principes de plaisir qui vont devoir composer avec les principes de réalité.

La culpabilité consécutive au plaisir oral explique par exemple qu'Émilie, quatre ans, pourtant très délurée en famille, se mure dans un silence timide quand elle croise de nouvelles personnes susceptibles de l'intéresser (notamment des messieurs qui ressemblent à papa). Elle explique aussi qu'Arthur suce ses bonbons en cachette et qu'Antoine, six ans, ne suce son pouce que lorsqu'il est seul. La culpabilité, qui pèse tant sur les adultes au régime, n'est pas seulement due au sentiment de ne pas respecter les directives du diététicien, mais aussi, moins consciemment certes, à la prise de plaisir oral induit par la prise alimentaire. Et la culpabilité est d'autant plus forte que l'envie était forte et la satisfaction intense. Le sucré est l'un des plus grands inducteurs innés de plaisir oral et, de toutes les saveurs alimentaires, la tentation qu'il suscite est celle à laquelle on se sent le plus coupable de céder.

Pour résumer, retenons que la pulsion orale pousse à s'alimenter, que le plaisir de s'alimenter est intrinsèquement lié à d'autres types de satisfactions sensorielles (le plaisir de chanter, de parler, d'écouter, de sentir…), que ces différents types de satisfaction, s'ils ont été cultivés, peuvent être des relais au plaisir oral de la prise alimentaire, que la satisfaction orale est en lien étroit avec les émotions, notamment la sexualité et l'amour (de soi comme des autres), que manger est un plaisir mais peut aussi être motivé par un désir d'agressivité contre soi ou autrui, et qu'il peut être très précocement, comme tout plaisir pulsionnel, chargé de culpabilité.

Comment le psychisme maîtrise ses pulsions

La culpabilité s'intègre dans un ensemble plus vaste de maîtrise de toutes les pulsions. C'est le résultat de l'éducation et de la confrontation aux principes de la réalité qui imposent ses limites et encadrent la pulsion orale comme les autres pulsions (les pulsions anale, génitale). Ces pulsions sont refoulées en partie, déniées, transformées en leur contraire (formations réactionnelles), sublimées, etc. Il existe, en effet, selon les théories psychanalytiques, différents mécanismes de contrôle de ces pulsions. Tout se passe comme si elles étaient mises sous les verrous à l'instar d'un dangereux personnage, tenues à distance tel un importun, déconnectées pareillement à une prise de courant, modelées comme de la terre glaise, cultivées comme une terre en friche, canalisées comme une eau en furie, domptées tel un animal sauvage. Brutes à l'origine, elles vont s'inscrire au sein d'une organisation générale qui déterminera la personnalité de l'enfant.

Le refoulement consiste à stocker dans la partie inconsciente du psychisme. Si ce dernier était une maison, refouler reviendrait à mettre à la cave. Dans le cas des pulsions orales, ce qui est habituellement refoulé concerne des appétences pour des aliments ou des objets non comestibles ou interdits. Par exemple, le plus commun des tabous est de manger des fèces. Mais selon les éducations, il existe des types de refoulement pour des aliments comestibles mais qui sont pour certains individus chargés symboliquement d'émotions négatives.

Ainsi Nicolas, depuis l'âge de quatre ans, a le dégoût du lait qui s'est accentué en dégoût pour tous les produits laitiers. Et cela en l'absence de toute intolérance ou allergie en lien avec ce produit, type intolérance au lactose ou aux protéines de lait. C'est à la naissance de sa jeune sœur qu'il a manifesté ce rejet. Il entrait alors en période œdipienne et a sans doute déplacé sur l'appétence au lait son désir œdipien vis-à-vis de sa mère. Pour résumer, il a fusionné, confondu, dans son cerveau émotionnel, ses pulsions sexuelles et sa pulsion orale pour le lait. L'intégration précoce de l'interdit de l'inceste s'est traduite chez lui notamment par un refoulement de son appétence au lait, le désir pour le lait équivalant dans son inconscient au désir amoureux pour sa mère désormais prohibé.

Les pulsions refoulées peuvent s'échapper à l'occasion de lapsus (par exemple : « Je ne sais plus où j'ai mangé mes affaires ») ou bien dans les rêves. Il n'est pas rare que les gens au régime rêvent qu'ils s'empiffrent. Cela explique aussi peut-être que des personnes somnambules mangent la nuit. Mais le refoulement peut aussi porter sur l'intensité de la pulsion : ce refoulement partiel vise alors à maintenir cette pulsion mais sous une forme modérée.

Deuxième mécanisme majeur de contrôle de la pulsion orale et des pulsions en général, la sublimation consiste à dériver l'énergie de la pulsion en une activité morale, intellectuelle ou artistique. Dans le cas de la pulsion orale, un mode de sublimation courant consiste à s'intéresser aux activités culinaires. La pulsion est ainsi dérivée de son but sans être pour autant refoulée (ce qui demanderait plus d'énergie psychique). C'est du reste ce que font les adolescentes anorexiques : alors qu'elles ont refoulé leurs pulsions orales pour les aliments, elles ont souvent un grand plaisir à cuisiner pour leur entourage et à vivre ainsi leur satisfaction orale par procuration. Toutes les activités qui font appel aux cinq sens ou l'élocution elle-même sont d'autres formes de sublimation : les enfants qui se régalent en bavardage subliment leurs pulsions orales sans avoir besoin de manger – d'ailleurs on ne mange pas la bouche pleine… de mots.

Si la pulsion était un fleuve ou un torrent, le refoulement serait comme une digue qui le contiendrait et la sublimation comme une dérivation en canaux multiples.

D'autres mécanismes peuvent opérer. Les formations réactionnelles en font partie. Elles sont la transformation, de façon permanente, des tendances et des désirs, inacceptables par la conscience de l'enfant, en tendances opposées, acceptables, elles, familialement et socialement. Ainsi les pulsions exhibitionnistes se transforment en pudeur extrême, ou la jalousie en un sens aigu de la justice. Pour ce qui est de la pulsion orale, on peut passer de la voracité à la retenue alimentaire ou à des phobies alimentaires diverses (refus de certaines viandes ou de certains légumes) quand celles-ci sont bien acceptées par l'environnement (par exemple si un parent a la même phobie alimentaire ou végétarienne). Ainsi, quand un enfant a des phobies alimentaires ou qu'il limite son apport alimentaire, il peut s'agir d'une tentative de contrôle de ses pulsions orales par lesquelles il se sent envahi. Il faut alors éventuellement l'aider à mettre en place d'autres mécanismes de contrôle moins gênants.

Le refuge dans la rêverie en est un autre. Il permet de contrôler son comportement dans la réalité et de laisser libre cours à sa pulsion orale dans son imaginaire. La personne se nourrit alors de ses songes.

Dans l'intellectualisation, l'énergie pulsionnelle est mise au service de la réflexion ou de la méditation. Cela peut être associé à une avidité pour tout savoir, tout connaître, tout comprendre. La pulsion orale est alors satisfaite par les nourritures spirituelles.

Entre sept et onze ans, la pulsion orale est sous contrôle

Vers sept ans, l'enfant entre en période de latence. Il acquiert un sens moral et se satisfait de respecter les règles. Il devient pudique et sait dire non à ses différentes pulsions primaires. Sur le plan du comportement alimentaire, il acquiert le sens de la mesure et sait se tenir à table. Il peut se considérer comme gourmand et retenir ses envies. La sublimation de la pulsion orale le pousse vers des activités socialement acceptables dans l'apprentissage scolaire et artistique. Jusqu'à la puberté, cette maîtrise de soi va croissant, et durant l'école primaire il y a peu de changements quant au comportement alimentaire. Les enfants qui ont un surinvestissement de la pulsion orale vers sept ans conservent généralement une appétence orale élevée jusqu'à la puberté. À l'inverse, les enfants qui ont une pulsion orale contrôlée au-delà de sept ans conservent cette maîtrise durant la période de latence. Sauf en cas d'événements à fort impact affectif (deuil, divorce, maladie de l'enfant, etc.) qui bouleverseraient l'organisation mise en place. Mais en dehors de ces ruptures possibles, la période de latence se caractérise par une ère de stabilité. Tout se passe comme si les différentes pulsions étaient utilisées à l'instar d'une matière brute et d'énergie par le psychisme, pour que l'enfant se développe physiquement, intellectuellement et affectivement. L'arrivée de la puberté vient remanier toute cette organisation pulsionnelle.

Le retour en force des pulsions à l'adolescence

Les différentes pulsions, sous contrôle durant la période de latence, sont réactivées au début de la puberté. Toute l'organisation mise en place au cours de la petite enfance vole en éclats, jusqu'à ce qu'un nouvel ordre s'installe, quand l'adolescence s'achève. En attendant, les pulsions vont profiter de la désorganisation physique et psychique pour se débrider. L'adolescent revisite psychologiquement ses différents stades affectifs, et notamment le stade oral.

Lors de la puberté, la pulsion orale débridée se manifeste fréquemment par des conduites d'hyperphagie, de grignotage ou de gloutonnerie qui sont loin d'être rares à cette période de l'existence. Habituellement, ces conduites durent le temps ou une partie de l'adolescence, avant qu'une régulation s'instaure. Mais il est possible qu'elles persistent en partie ou totalement une fois l'adolescent devenu adulte. Les ados ont souvent la bouche occupée, d'un stylo qu'il mâchonne, d'une cigarette ou d'un pétard, d'un chewing-gum ou d'une canette. C'est l'âge où l'on veut le plus goûter à tout. C'est la vie dans son ensemble que l'on veut croquer à pleines dents, même si l'ado ne s'en donne pas toujours les moyens. Bien que parfois réticents à la scolarité, ils ont soif de savoirs et de découvertes. Ils ont, en beaucoup de domaines, les yeux plus gros que le ventre. Le choix des aliments est caractéristique à l'adolescence. Plus ils se consomment rapidement, plus c'est facile à avaler, plus la saveur est sommaire, plus la glycémie monte rapidement après la prise, ou plus les sensations sont fortes (piments, moutarde), mieux c'est pour l'ado. D'où le succès à cet âge des fast-foods, des sucreries, des laitages sucrés à boire, des féculents aux dépens de plats cuisinés plus élaborés. On est dans le retour au « tout, tout de suite », exigé par une pulsion orale libérée de ses contrôles à laquelle on cède en solitaire, sans retenue, n'importe quand. Le refoulement est levé, certains dégoûts alimentaires disparaissent et on s'étonne de voir ses penchants alimentaires changer. On se limite moins, on n'attend ni les heures de repas ni les autres convives pour manger. On ne sublime pas dans le plaisir des yeux par une préparation soignée (d'ailleurs on mange devant son écran sans regarder ce qu'il y a dans son assiette) et l'on n'imagine même plus le plaisir de dresser le couvert que l'on pouvait avoir enfant, fier alors d'aider ses parents.

Ces conduites alimentaires débridées n'induisent heureusement pas toujours de surcharge pondérale, car c'est un âge où la croissance physique est importante et où l'on brûle énormément de calories. Le risque de surpoids est néanmoins possible, et si ce comportement persiste à l'âge adulte, les kilos en excès sont quasi assurés.

Ce retour à la pulsion orale archaïque s'associe à une régression dans le comportement et les choix alimentaires (on retrouve chez l'ado le petit qu'il était et qui n'avait envie que de bouillie puis uniquement de pâtes et de frites), mais aussi dans la tenue (tenue relâchée à table d'un ado qui se tache à nouveau en mangeant). Cette réactivation de la pulsion orale concerne bien sûr toutes les sous-branches : la soif d'écoute musicale est la plus caractéristique, la soif d'images également, qui se traduit de nos jours par une consommation effrénée de vidéos. Bref, il y a toute une éducation de la pulsion orale à refaire !

Se nourrir de l'autre

Ce retour en flammes de la pulsion orale a cependant des aspects positifs, car elle permet un investissement nouveau de la parole et des échanges verbaux. L'ado a soif de nouvelles rencontres avec les jeunes de son âge et des adultes. Il cherche aussi à incorporer de nouvelles façons d'être, de nouveaux sentiments. Il a faim d'identifications. Il se rapproche des adolescents de son sexe et de l'autre sexe poussé par la réactivation des pulsions orales. L'activation massive des pulsions génitales à la puberté, favorise le désir et la rencontre amoureuse et sexuelle. Il y a par exemple le plaisir de sentir l'odeur de l'autre, ou de « ne plus le sentir » quand l'amour s'en va ; le plaisir de lire ses mails ou d'écouter de la musique en pensant à lui ou à elle. Physiquement, il y a tout ce que la mise en bouche des parties du corps de l'être désiré autorise comme plaisir, à commencer par le baiser. Sans compter les jeux érotiques qui incluent délibérément l'usage de nourriture. On voit, une fois encore, combien l'envie d'aliments et l'envie d'amour sont liées en termes de pulsions. C'est l'expression des liens qui existent entre l'affectif, les sentiments, les émotions et les comportements alimentaires.

Mais peu à peu, plus ou moins rapidement selon les individus, de nouveaux mécanismes de maîtrise vont se mettre en place dans le psychisme de l'adolescent et permettre une satisfaction orale moins anarchique, plus organisée et diversifiée, donnant des comportements alimentaires équilibrés. Cela se fera d'autant plus facilement que l'organisation des pulsions s'est établie de façon harmonieuse dans la petite enfance grâce aux compétences propres de l'enfant et à un encadrement affectif et éducatif cohérent.

Quand la pulsion orale est source d'angoisse

Parfois, le cerveau émotionnel de l'adolescent peut se sentir débordé par l'intensité de sa pulsion, ce qui éveille des angoisses. Ces angoisses pouvaient déjà exister chez le tout-petit, quand ses pulsions n'étaient pas encore contrôlées. Elles sont bien sûr des peurs imaginaires. Il s'agissait alors, par exemple, de l'angoisse de détruire par la bouche ceux qu'il aime (mère ou nourrice par exemple), c'est-à-dire des angoisses de dévoration sur autrui. Cette angoisse pouvait être associée à l'angoisse inverse d'être dévoré par ceux qui l'aiment (par un mécanisme de projection mentale qui attribue à autrui l'intention de nous faire ce que l'on craindrait de lui faire).

D'autres types d'angoisses liées à la pulsion orale sont possibles : si une mère craint, chaque fois qu'elle nourrit son bébé, de ne pas lui donner ce qu'il lui faudrait en qualité ou en quantité, le nourrisson risque alors d'être contaminé par cette angoisse maternelle qu'il peut assimiler dans son cerveau émotionnel à sa propre pulsion orale susceptible à ses yeux de générer du malaise autour de lui et donc en lui. La pulsion orale devient alors angoissante comme l'est la mère.

À l'adolescence, le réveil ou l'apparition d'angoisses, attelées à des pulsions orales déchaînées, peut par exemple provoquer un verrouillage de la pulsion orale portant sur les aliments, et induire un comportement anorexique. On assiste alors à un strict contrôle des aliments consommés en qualité et en quantité, associés à de véritables rituels alimentaires, qui n'est pas incompatible avec le plaisir de cuisiner, comme on l'a déjà signalé. Si une prise en charge thérapeutique précoce n'est alors pas proposée, cette anorexie risque de s'implanter dans la durée.

Chez d'autres, si l'appétence alimentaire est maintenue, l'entrave portera sur d'autres sous-branches de la pulsion orale telles que le plaisir des acquisitions, la soif d'apprendre, l'ingestion d'informations. Cela aura pour conséquences un désintérêt pour le savoir et les apprentissages, occasionnant des difficultés scolaires.

La soif de rencontres et d'identifications peut entraîner des angoisses identitaires telles que celle de se fondre en l'autre et de ne plus connaître les limites de son identité. Ce type d'angoisse provoquera en réaction des attitudes de retrait et d'isolement et un risque de repli sur les aliments. En effet, ce déplacement sur la nourriture de l'envie de rencontre permet de satisfaire la pulsion orale sans angoisse, car les aliments n'apparaissent pas pour les adolescents aussi menaçants que les personnes dans la mesure où l'on croit les maîtriser plus facilement. La soif de rencontres se transforme alors en une consommation excessive d'aliments pour des raisons purement émotionnelles.

Le reflux des pulsions et ses échecs

Quand l'adolescence s'achève, a lieu un reflux des pulsions. Elles sont à nouveau sous contrôle. Il faut considérer l'adolescence comme une seconde chance de remise aux normes des pulsions de la petite enfance, quand celles-ci ont mal été ordonnées lors de l'entrée en période de latence.

Ainsi David était un petit garçon obèse. Son obésité était en lien direct avec une consommation alimentaire excessive (hyperphagie). Issu d'une famille où la prise alimentaire était culturellement valorisée, sa mère en particulier, malgré sa bonne volonté, n'avait pas régulé l'appétence orale de David, cédant à toutes ses demandes et surtout les anticipant. Et jusqu'à sa puberté David est resté un gros mangeur, un gros garçon, très dépendant de sa maman. À l'adolescence, il s'est davantage ouvert au monde, aux savoirs de toutes sortes et a ainsi diversifié les modes de satisfaction de ses pulsions orales, notamment dans des rencontres amicales (à l'image de son père, très sociable, auquel il s'est alors identifié) et amoureuses. Il est devenu un jeune homme qui mange à sa faim et sa faim s'est adaptée à ses besoins. Il a perdu tous ses kilos en excès et est bien dans sa peau.

Mais une mauvaise régulation de la pulsion orale après l'adolescence explique des troubles du comportement alimentaire, en particulier l'hyperphagie. C'est alors une indication à une psychothérapie de type psychanalytique car un simple régime ne sera pas opérant.

Il existe principalement deux formes de mauvaise régulation de la pulsion orale conduisant à un excès alimentaire, l'une qualitative, l'autre quantitative.

Dans la première, la pulsion orale est uniquement satisfaite par la consommation d'aliments. Il y a un défaut d'investissement de la pulsion orale vers des modes autres que la prise alimentaire. En ce cas, il faut développer tous les autres modes de satisfaction possible de la pulsion orale : savoir, culture, musique, chant, rencontres, échanges, etc.

Dans la forme quantitative, la personne satisfait sa pulsion orale de façon diversifiée, mais trop intensément. La pulsion n'est pas assez limitée dans son ensemble. Il s'agit d'une personnalité dite « orale », fixée à ce stade. La thérapie consiste alors à développer tous les mécanismes de contrôle possibles (refoulement, recours à la rêverie...) et par ailleurs à favoriser la fixation à d'autres stades (développer les pulsions d'emprise et génitale).

Les personnalités dites « orales »

Une personne adulte fixée au stade oral dans la construction de sa personnalité sera dominée dans ses besoins, ses envies, ses comportements par les pulsions orales mal jugulées. Sur le plan amoureux, elle cherchera à communier et à s'unir à l'autre de façon fusionnelle et sera très dépendante de l'être aimé. D'autres traits se retrouvent chez ces personnalités : la peur de la solitude, l'impatience, le « tout ou rien » dans ses choix, le principe de plaisir dominant sur le principe de réalité ; avec, en amour, une certaine tyrannie de la demande, un investissement massif plaçant la sexualité au second plan par rapport à la présence et à la relation amoureuses, la recherche du grand amour, l'importance accordée à l'expression des sentiments amoureux et aux preuves d'amour, et enfin un rapport distancié avec l'argent (mauvaise gestion, dépenses excessives).

Sur le plan des pathologies, la boulimie, la dépendance à l'alcool et au tabac prennent racine à ce stade.

Le caractère exigeant et égocentrique de l'adulte dominé par l'oralité s'accompagne parfois d'une forme de sadisme (en écho au plaisir primordial de la morsure) se manifestant dans la tendance à vouloir imposer immédiatement aux autres sa volonté. À l'inverse, quand le refoulement des tendances orales est trop massif, cela se traduit diversement selon les domaines concernés : sur le plan amoureux, difficulté à échanger des mots d'amour ; dans le champ érotique, refus de tout plaisir oral pouvant conduire au dégoût des baisers profonds ou de la fellation ; dans le domaine culturel, défiance à apprendre de nouveaux savoirs ; sur le plan alimentaire, on l'a vu, conduites de restriction alimentaire qui prennent la forme d'une attention soutenue à ne pas trop manger, de l'ascèse, de l'orthorexie[1] ou encore de l'anorexie.

Mais la pulsion orale n'est pas la seule concernée par les troubles du comportement alimentaire en lien avec les émotions. Les pulsions d'emprise, ou pulsions « anales », jouent également un rôle, moins connu certes, mais pourtant très influent.

La pulsion d'emprise

Ces pulsions d'emprise et de maîtrise sont qualifiées par Freud d'« anales » car la source physique de l'excitation s'étend le long du tube digestif. Ces pulsions influencent donc la digestion et expliquent que beaucoup de nos soucis peuvent s'exprimer par des troubles de la digestion. C'est à l'approche de deux ans qu'elles se structurent. Ce type de pulsion pousse à conserver les « objets », c'est-à-dire les aliments comme les pensées ou les sentiments, à l'intérieur de soi-même. Elle incite également à les expulser après les

1. Comportement traduisant une obsession à n'avaler que des aliments considérés comme sains.

avoir digérés, c'est-à-dire détruits ou modelés. C'est l'âge où l'enfant intègre la frontière entre ce qui est en lui (le soi) et ce qui est étranger à lui, mais aussi entre ce qui est à lui et ce qui est à autrui. La notion de propriété date de cette période.

À l'origine, il y a le plaisir physique par stimulation locale de la rétention ou du passage des selles. L'enfant prend plaisir à retenir ses selles ou au contraire à faire dans la couche ou dans le pot. Ce plaisir va servir de base au plaisir psychologique à posséder, à conserver, à retenir (les aliments, les kilos ou les émotions), mais aussi à donner. Ce processus va s'étendre aux personnes : au même titre qu'il assimile avec l'acquisition de la propreté le contrôle de ses excrétions, l'enfant en parallèle apprend à exercer une maîtrise sur autrui. Il fait l'apprentissage de la manipulation mentale. C'est la période du « non » : il s'oppose, il se croit tout-puissant. Son agressivité se structure à ce stade. Le stade anal est le stade où l'agressivité est la plus manifeste. Physiquement, elle s'exprime dans l'expulsion d'objets détruits (à l'origine les aliments digérés qui deviennent des fèces), mais aussi dans leur conservation à l'intérieur de soi pour les contrôler ou les maîtriser. Ainsi, à côté de l'agressivité extériorisée par des coups, des paroles, des actions hostiles, l'agressivité dite « passive » se manifeste dans la retenue, le silence hostile, la non-intervention, l'indifférence méprisante. Cette agressivité qui passe par la « conservation » se traduit parfois dans l'accumulation de kilos.

Cette agressivité peut être destinée à tout le monde, c'est-à-dire à personne en particulier, ou bien à quelques personnes spécifiques. C'est le cas de Maud, qui vit seule avec sa mère, veuve. Cette dernière est aussi mince que

Maud est forte et elle n'a de cesse de reprocher à sa fille, par mille et une façons détournées, sa surcharge pondérale. Le suivi de Maud a mis en évidence que sa rétention pondérale avait comme fondement une hostilité profonde vis-à-vis de sa mère. D'ailleurs, quand Maud a su apprendre à exprimer son agressivité (justifiée en partie par l'attitude maternelle) d'une autre manière et surtout quand elle a pris ses distances avec sa mère, notamment en déménageant, elle a allégé autant son poids que son animosité retenue.

Lorsque l'enfant s'oppose sur tout et qu'il jouit à l'énoncé de gros mots et autres pipi-caca, c'est le stade anal. De même, à l'adolescence, le retour des pulsions anales se traduit par des comportements d'opposition permanente et des propos grossiers.

Quand l'adulte exprime ses sentiments de frustration, de colère et toutes les sous-catégories de ces deux émotions primaires, il opère une libération pulsionnelle. À l'inverse, une retenue pulsionnelle trop marquée peut induire une accumulation de graisse.

À l'adolescence, ces pulsions d'emprise et de maîtrise, si elles s'exercent sur son propre corps, peuvent conduire à des comportements ascétiques pouvant aller jusqu'à l'orthorexie ou à l'anorexie. Ces comportements ascétiques sont aussi l'expression du contrôle des pulsions sexuelles. À l'inverse, le relâchement des pulsions anales (ce qui correspond à l'origine chez le tout-petit au plaisir de faire ses selles en dehors du pot) induit un laisser-aller dans la façon de se conduire, de s'habiller, de s'alimenter, sans contrôle et sans retenue quantitative ou qualitative.

L'agressivité, née de la pulsion anale spontanément dirigée sur autrui, peut se retourner contre soi-même et fournir autant de satisfaction. Les parents l'observent quand ils grondent leur jeune enfant et que celui-ci en réponse se tape lui-même, casse ses propres jouets ou se prive de manger un plat qu'il aime. À l'adolescence, on voit ainsi des jeunes gens se blesser plus ou moins volontairement par culpabilité, voire s'automutiler. Ce retournement de l'agressivité contre soi, née des pulsions anales, s'il a lieu de façon trop systématique et s'installe, peut faire le lit de comportements masochistes, comme se « farcir » d'aliments, se laisser aller physiquement par des comportements alimentaires déstructurés.

On voit donc que, sur le plan alimentaire, les pulsions anales peuvent conduire à une maîtrise ou à une restriction de l'apport alimentaire dans un désir de maîtrise corporelle allant d'un bon équilibre des apports et des besoins, jusqu'à des comportements ascétiques. Mais, à l'inverse, elles peuvent aussi être à l'origine de surpoids par des mécanismes divers : un stockage de masse graisseuse par une dynamique de conservation, un relâchement dans le comportement alimentaire, un retournement contre son propre corps de l'agressivité.

Les pulsions qui émanent de l'enfant jouent donc un rôle actif dans la façon de gérer émotionnellement son rapport aux aliments. Mais l'environnement familial et social joue également un rôle fondamental dans la fabrication des kilos émotionnels, que ce soit chez l'enfant, chez l'adolescent ou chez l'adulte.

3

L'influence de l'éducation et de l'environnement

Quand vous avez été nourri par votre mère, votre nourrice ou n'importe qui d'autre, vous n'avez pas reçu uniquement des aliments. Plus l'enfant est jeune, plus les échanges autour de l'alimentation sont riches. Il absorbe, tout autant que la nourriture, les émotions véhiculées par l'adulte. En grandissant, il différencie davantage les différents types d'apports (concrets et abstraits) et fonctionne de moins en moins comme une « éponge » avec son environnement humain. Mais ses premières relations vont influencer sa propre représentation des divers aliments et son comportement alimentaire futur.

« Mange, tu deviendras quelqu'un ! »

Le bébé en manque d'apports alimentaires subit une baisse du taux de sucre dans le sang (hypoglycémie). Cela induit une sensation de malaise. Son corps réagit en sécrétant des hormones (catécholamines) qui vont collecter le sucre des muscles. Ces hormones sont aussi celles du stress, qui vont déclencher de l'énervement, une agitation, des cris, des pleurs. Le parent sollicité par ces signaux va répondre aux besoins et soulager ainsi le corps de l'enfant en lui donnant du lait. Les régions du corps par lesquelles passe cet aliment, source de bien-être, vont être investies positivement par le bébé. Il va, en même temps qu'il s'alimente, mentaliser ces expériences et créer des représentations telles que le biberon placé dans sa bouche et le visage souriant de sa mère le nourrissant. Ainsi commencent à s'entrelacer dans un pas de deux humanisant ses besoins (alimentaires) et ses désirs nés de la relation interhumaine. La fonction alimentaire participe de la médiation avec le parent nourrissant qui apparaîtra bon ou mauvais selon sa façon de satisfaire aux besoins.

On a vu aussi que le nouveau-né, soutenu par sa pulsion orale, incorpore en parallèle à l'alimentation tout ce que ses cinq sens peuvent lui fournir comme informations. Et tout ce que l'enfant capte sensoriellement est investi par lui de manière plus ou moins positive selon l'intensité, la qualité, le rythme, la fréquence de ce qu'il perçoit. Par exemple, en buvant son lait, le bébé discerne, par son sens du toucher, la manière plus ou moins agréable d'être porté dans les bras de son parent. L'enfant perçoit aussi le rythme auquel ses besoins sont satisfaits et peut se sentir frustré si on le fait trop attendre ou, à l'inverse, n'a même pas le temps de réclamer ni d'avoir faim avant d'être servi.

La relation avec les parents nourrissants fait intervenir le concret des aliments sur lesquels vont s'accrocher l'affectivité, les émotions, les représentations mentales, agréables ou désagréables, les symboles, c'est-à-dire tout de qui définit la pensée et les affects. Quand le bébé est nourri par sa mère par exemple, il avale en même temps que le lait les paroles qu'elle lui adresse, son odeur, le timbre de sa voix, son image, son humeur, mais aussi ses pensées communiquées sur un mode infraverbal puisque le bébé ne décode pas encore le sens de toutes les paroles. Autour de l'alimentation vont s'élaborer les processus d'identification. L'incorporation alimentaire est le support concret de l'incorporation psychique qu'est l'identification. Ainsi le bébé nourri par sa mère ingère en même temps que les aliments des « morceaux » de sa mère. Il devient un peu cette mère. Car le bébé se sent uni à ce qu'il avale, il fait corps avec ce qu'il capte. Absorber un objet concret (l'aliment) ou abstrait (les paroles de sa mère) équivaut à être cet objet. C'est ce qu'on appelle le « processus d'identification primaire ». En s'identifiant à elle, en devenant en partie comme elle, en se prenant pour elle, il commence la construction de sa personnalité et franchit la première étape de la perception de son identité. Il se voit en sa mère et prend modèle sur cette image, il s'identifie à sa propre image, ce que Jacques Lacan nomme le « stade » du miroir. Pour le nouveau-né, « je » est un autre auquel il s'identifie. Et l'aliment sert de support concret à cette identification.

L'aliment transporte les émotions des parents

Quand un parent nourrit son nouveau-né, il lui communique en partie son ressenti émotionnel. Ainsi, lorsque la personne nourricière est systématiquement angoissée en nourrissant l'enfant, pour des raisons en lien ou non avec sa fonction éducative, l'enfant va percevoir cette angoisse et y associer la prise d'aliments.

Au ressenti émotionnel des parents s'ajoute leur manière de nourrir leur enfant. Prenons l'exemple de prescriptions alimentaires trop rigides, quand la personne nourricière, la mère par exemple, donne les aliments uniquement à heures fixes et en quantité définie au préalable sans jamais tenir compte des besoins spécifiques de l'enfant, et sans tirer de plaisir personnel à le nourrir. Cette façon de nourrir l'enfant, quand elle est faite sans affect particulier, aura pour incidence d'en faire un adulte qui aura aussi une relation désaffectivée avec les aliments, pouvant les avaler sans ressentir ni vrai plaisir ni déplaisir, et ce quelle que soit la quantité absorbée. D'autres vont donner systématiquement à manger au bébé qui pleurera, sans chercher à définir s'il pleure de fatigue, de malaise physique, de manque de communication ou d'ennui. Les conséquences en seront une incapacité à distinguer, devenu adulte, ses différentes émotions négatives et un recours systématique à la nourriture en cas de mal-être.

La prise alimentaire dans l'enfance peut apparaître contraignante. Délaissant la dimension de plaisir, l'enfant associe, parfois à l'excès, la notion d'obligation aux repas. Des injonctions répétées illustrées par des consignes parentales telles que « Finis ton assiette », « Pas de gâchis », « Pas de dessert si tu ne manges pas ton plat » ont des impacts différents selon les enfants, notamment l'idée que l'on doit manger ce qui s'offre à nous, que l'on ait faim ou non, que l'on en ait envie ou non. Devenu adulte, le risque est alors de conserver un rapport uniquement réglementaire avec la nourriture sans être capable de manger selon ses envies et ses besoins.

L'éducation du goût

Aux quatre saveurs que nous percevons avec la langue, le sucré, le salé, l'amer et l'acide, s'ajoute l'odeur captée dès l'entrée en bouche, mais aussi en arrière-gorge après la mastication. Cet ensemble détermine le goût. Il y a des inégalités, probablement génétiques, d'un individu à l'autre dans la compétence aux goûts et des nourrissons apparaissent très tôt sélectifs dans leurs goûts alimentaires. Ces enfants sont souvent ceux qui vont exprimer aisément leurs émotions et qui seront très sensibles. À l'inverse, d'autres nourrissons semblent peu sélectifs et ne font pas les « difficiles » tant qu'ils ont faim.

Le goût découle aussi de l'état émotionnel de l'individu. C'est vrai pour l'enfant comme pour l'adulte : quand on est d'humeur enjouée, on est prêt à tout apprécier, ou bien au contraire quand on est maussade, amer, on trouve que la vie manque autant de sel que ce que l'on mange. Les zones sensorielles du cerveau qui régissent les différents sens sont en correspondance avec celles qui régissent les émotions (zone thalamique) et la mémoire (qui fait que tel goût nous renvoie dans le passé comme la petite madeleine de Proust).

Mais bien sûr, le goût comme les autres sens, l'odorat, l'ouïe, le toucher et la vue, se développent au fil du temps et s'éduquent. Encore faut-il que l'entourage de l'enfant possède une culture du goût. Je conseille de permettre à l'enfant de pouvoir précocement goûter à différentes saveurs car plus il est jeune, plus ses capacités de discrimination sont élevées. Ainsi il sera apte à analyser en finesse ce qu'il mangera plus tard. Plus sa connaissance des goûts sera affinée, plus son plaisir à manger sera subtil, plus il saura choisir ce qu'il veut manger et moins il mangera n'importe quoi simplement pour le plaisir d'avaler et de sentir son taux de glycémie monter. La qualité gustative prendra alors le pas sur la quantité. En ce sens il est probable que l'allaitement maternel soit plus enrichissant de ce point de vue que l'allaitement artificiel. En effet, alors que le lait artificiel à toujours le même goût et la même composition, le goût du lait maternel varie au cours de la tétée (sa composition se modifie entre le début et la fin de la tétée), mais aussi d'une tétée à l'autre selon l'alimentation et l'état général de la mère.

Notre goût comme le plaisir à manger dépendent aussi grandement du contexte. Au cours du développement, tous les sens entrent en correspondance. L'enfant et l'adulte apprécient plus ou moins un repas en fonction de l'aspect des aliments, de leur consistance apparente (les enfants n'hésitent pas, eux, à prendre en main pour juger sur pièce), voire du bruit qu'ils font sous la dent. L'environnement importe aussi : la présentation de l'assiette, le cadre (appartement, restaurant, lieu de vacances), la personne qui a préparé le repas (maman, un cuisinier sympathique, la détestable tante Agathe)…

Enfin, le goût est aussi une affaire d'imagination et de représentation symbolique que l'on a de chaque aliment.

L'enfant avale aussi des symboles

Les aliments ne sont pas neutres pour les êtres humains. Chacun d'eux à une charge symbolique, c'est-à-dire un sens caché qui va au-delà de sa définition scientifique (nom, poids, taille, couleur, apport calorique). Il y a des symboles communs à une culture, à une religion, à une époque, à une famille et à un individu en fonction de son histoire personnelle et de la place que tel aliment a occupée au sein de celle-ci.

Ainsi, en Occident, le cafard (dont le nom évoque la tristesse) serait dégoûtant à manger alors qu'on en raffole en Asie. Il est de bon goût de manger des sauterelles en Afrique mais impensable depuis des siècles en Occident. Manger du chien est illégal en France, mais prisé en Chine. Les Anglais sont choqués que les Français mangent du lapin et des grenouilles. Les hindouistes ne mangent pas de vache, les juifs et musulmans pas de porc. Aujourd'hui ces règles alimentaires dictées par la religion sont remplacées ou associées aux règles diététiques. Pour nos grands-parents, la viande rouge a la réputation de rendre fort et nerveux, comme les épinards (depuis Popeye) ; le lait celle de purifier l'organisme et d'apaiser, la soupe de faire grandir, les carottes de rendre aimable, la cervelle de rendre intelligent, les pêches de donner une belle peau… Dans la société occidentale, le sucré est volontiers présenté aux enfants comme une récompense. Pas seulement à travers les pâtisseries ou les sucreries que l'on offre pour « faire plaisir », mais aussi avec le gâteau d'anniversaire et la place de choix du dessert en fin de repas, gardant « le meilleur pour la fin », tout comme à travers la menace de supprimer le dessert si l'enfant ne finit pas ses plats salés. Tout cela contribue à intégrer mentalement le sucré comme une récompense que l'on s'octroiera plus tard quand on recherchera du réconfort.

Les expressions imagées en rapport avec la nourriture, propres à chaque langue, sont d'autres illustrations de la nature symbolique des aliments : « il a mangé du lion », « à quelle sauce vais-je être mangé ? », « manger dans la main de quelqu'un », « manger sa chemise », « se bouffer le nez », « ne pas manger de ce pain-là ». La culture dans laquelle l'enfant évolue donne aussi des sens particuliers à ce qu'il avale.

Les aliments transportent donc les émotions des parents ainsi que les symboles culturels du milieu dans lequel l'enfant évolue. Mais chaque enfant va attribuer sa propre symbolique à chaque aliment qu'il rencontre. Quand l'enfant absorbe un aliment, il avale aussi un aspect, une odeur, une couleur, une consistance (du dur, du mou, du craquant) qui varient en fonction de la façon dont il est cuisiné. Pour chacune de ces caractéristiques il y a une association émotionnelle possible (ainsi chaque couleur a une signification symbolique commune mais aussi propre à chacun de nous). C'est pourquoi il est normal que le jeune enfant à table réagisse physiquement, qu'il soit réticent, euphorique, agité ou râleur. Mettre quelque chose à l'intérieur de son corps n'est pas anodin, surtout quand ce quelque chose n'est pas neutre affectivement et symboliquement.

Quand, par exemple, le jeune enfant avale un radis, il a le sentiment qu'il va transformer ce radis en morceau de lui-même. Mais il peut aussi craindre de se transformer en radis, ce qui explique qu'il soit réticent à l'avaler, et qu'il préfère que ce radis soit écrasé ou coupé en rondelles.

C'est parce que les aliments, les sens et les émotions sont en lien symbolique que la cuisine est un art.

Quand la télé abreuve l'enfant...

Le petit mange comme il découvre le monde, comme il apprend, en faisant sa propre expérience. Il est normal qu'il soit actif dans sa découverte des aliments, goûtant, tâtant, sélectionnant. Il serait plus inquiétant qu'il soit totalement passif face à l'alimentation, avalant tout ce qu'on lui donne de façon indifférenciée.

C'est pourtant ce qui se passe quand on habitue l'enfant très jeune à manger devant la télévision. Car alors, capté par les images télévisuelles, il ne prête qu'une attention réduite à ce qu'il avale. La rencontre avec les aliments est perturbée. Ces derniers sont tout au plus une pâtée calorique qui répond à un besoin sans être investie de désir. N'étant plus métabolisés mentalement, ils se contentent d'être des transporteurs neutres des images qui défilent sur l'écran télé. Or ces images ont un impact émotionnel sur l'enfant, et ce sont ces émotions que l'enfant absorbe. Des émotions qui ne sont pas celles des parents, ni des émotions élaborées à partir de ce que l'enfant imagine quand il avale tel ou tel aliment, mais des émotions provoquées par l'imaginaire de l'auteur du programme télévisuel. C'est donc par cet imaginaire, un imaginaire prêt à porter, que l'enfant va cartographier affectivement son corps. Les écrans, que ce soit chez l'enfant, l'adolescent ou l'adulte, ne « défoulent » pas : ils captent les émotions, les aspirent, mais ne leur permettent pas de s'exprimer. Elles sont ingérées telles quelles ou multipliées en intensité, mais sans être métabolisées.

L'influence des parents et de l'environnement (familial ou culturel) est donc grande sur le vécu émotionnel de l'alimentation chez l'enfant et sur ses variations de poids émotionnelles. Ainsi, dans les prises en charge des enfants en surcharge pondérale, les résultats obtenus sont meilleurs quand elles incluent les parents. Certaines études signalent même que le traitement des seuls parents peut s'avérer plus efficace que celui des enfants seuls.

Mais si les premières années de la vie sont fondamentales pour expliquer l'origine des kilos émotionnels de l'adulte, l'adolescence est également une période clé dans le vécu émotionnel de l'alimentation.

L'obésité chez l'enfant et l'ado

À l'adolescence, 16 % des garçons et 19 % des filles seraient en grande surcharge pondérale. Se sentir mal dans sa peau et les moqueries des pairs sont les principales plaintes des ados en surpoids. Les garçons se plaignent davantage que les filles des railleries. En troisième place viennent les difficultés sportives, qui concernent les obésités marquées.

C'est vers l'âge de cinq ans que l'enfant commence à exprimer sur un mode personnel une gêne concernant son surpoids. En retour, dès cet âge, un enfant trop gros est considéré par les autres enfants comme malpropre, bête, fainéant et peu attirant. Les enfants en grande surcharge pondérale ont moins d'amis que la moyenne. Les enfants d'aujourd'hui ont une image plus négative des enfants obèses qu'il y a quarante ans – où, pourtant, le surpoids était déjà montré du doigt. Cela se comprend aisément quand on sait combien les enfants sont sensibles aux modes, à l'air du temps, qui de nos jours fait de la minceur un idéal. Et l'augmentation actuelle du nombre d'enfants obèses ou en surpoids n'atténue pas l'intensité de cette stigmatisation. Dès l'entrée au primaire, les enfants en surpoids ont une estime de soi inférieure à celle d'un enfant au poids normal en ce qui concerne notamment l'apparence physique et le degré d'attractivité. Plus elles sont rondes, moins les fillettes se trouvent jolies et, plus surprenant, moins elles se trouvent intelligentes.

Chez la fillette comme chez l'adolescente ou la femme adulte, l'obésité est associée à un niveau d'anxiété en moyenne plus élevé. Davantage d'enfants et d'ados obèses présentent des troubles psychiques que dans la population normale.

Mais heureusement cela ne concerne qu'une minorité. Il existe sans doute des sous-catégories parmi cette population hétérogène d'enfants en surpoids, et chez certains les facteurs émotionnels sont davantage en cause que d'autres. Ainsi une étude anglo-saxonne fait état chez ces enfants d'un nombre statistiquement supérieur à la normale de TDA (hyperactivité avec déficit de l'attention). Mais même s'ils ne présentent pas de troubles, ces enfants peuvent éprouver une véritable souffrance psychique, ne serait-ce qu'en raison des railleries.

La période prépubertaire est à cet égard critique et ce jusqu'à la fin de l'adolescence. Confronté dès l'école primaire aux moqueries qui le surprennent d'abord, compte tenu de la bienveillance familiale, l'adolescent obèse va élaborer des mécanismes de protection. Nathan : « Je m'y suis fait. Parfois, je le dis aux surveillants, mais ça ne sert pas à grand-chose. » Car la tolérance sociale vis-à-vis de ce type d'agression, comparativement à d'autres stigmatisations, est très grande, et être traité de « gros » n'est pas pris aux sérieux.

Des études montrent que les adolescentes en surpoids depuis plusieurs années suivent des études moins longues, se marient moins et qu'elles ont en moyenne un revenu par ménage plus bas. S'il y a des facteurs émotionnels à l'origine de ces difficultés sociales, les études ne le signalent pas, mais ces conséquences sont en soi sources d'émotions négatives.

Enfin, la stigmatisation et l'importance que les ados accordent à leur aspect physique induisent chez ces jeunes une mésestime de soi voire une humeur dépressive. Les études rapportent deux à trois fois plus d'idées suicidaires dans la population d'adolescents obèses que la moyenne de leur âge. Le risque de troubles du comportement alimentaire est également aggravé.

Le poids des parents

Afin d'intervenir sur le surpoids de leur enfant, les parents opèrent souvent d'eux-mêmes des restrictions alimentaires inadaptées qui génèrent au final un désamorçage entre les prises alimentaires et les signaux de faim et de rassasiement. D'autre part, la crainte de prendre du poids, qui apparaît désormais dès l'enfance, pousse l'enfant ou l'ado à adopter spontanément des comportements restrictifs délétères en dehors de toute implication parentale. C'est l'origine de ces « attaques de faim », ces troubles du comportement qui sont bien décrits par les spécialistes des comportements alimentaires chez les adultes en régime, qui occasionnent de la même façon chez le jeune un sentiment d'incapacité et de honte. Répété, cela porte atteinte à l'estime de soi de façon chronique et génère des troubles de l'humeur sur le long terme.

Si l'enfant en surpoids bénéficie en général d'une bienveillance parentale, en revanche à l'adolescence on assiste à des attitudes stigmatisantes. Ainsi, les collégiennes en surpoids recevraient proportionnellement moins d'argent de poche que les autres.

C'est à seize ans que les filles sont physiologiquement les plus rondes. Elles s'affinent ensuite progressivement jusqu'à leurs vingt ans. Mais c'est une période difficile à gérer pour elles et parfois pour leurs parents. Le surpoids réel (selon les courbes de poids) ou subjectif joue à plein dans les relations entre parents et enfants à l'adolescence. Il est le plus souvent un facteur de conflit ou de dépendance. Certains parents, du même sexe ou non, accompagnent leur fille dans ses plaintes. Le sujet peut se placer alors au cœur des échanges et venir régenter la vie de famille : on choisit les repas, les lieux de vacances en fonction de cet impératif. Le régime est souvent source de conflit quand un parent décide de le prendre en charge, surtout quand parmi ses motivations il y a inconsciemment le désir de garder une emprise sur son enfant à l'heure de son émancipation. Ou bien quand il attise les rivalités mère-fille autour de la silhouette, à un âge où la compétition œdipienne fait son retour.

Si les mères font des régimes, elles ont tendance à vouloir appliquer sur leur fille les mêmes méthodes qu'elles s'appliquent à elle-même. Or ce qui est efficace sur l'une ne l'est pas toujours pour l'autre car chaque régime doit être personnifié. De plus les adolescentes balancent entre leur désir de petite fille de « faire comme maman » et leur désir de refuser cette emprise. L'attitude des parents influence le comportement alimentaire et le poids de leur fille et, réciproquement, les variations de poids influencent les comportements parentaux.

Les causes du surpoids chez l'ado

Les causes de surpoids chez l'adolescent aujourd'hui sont diverses et, pour un certain nombre, communes à celles des adultes :

– Les facteurs génétiques, comme à tout âge.

– Le mode d'alimentation : fréquentation des fast-foods, repas moins réglementés, parfois pris seul dans sa chambre ou hors des horaires familiaux. Ce qui s'accompagne volontiers d'un déséquilibre nutritionnel.

– Les défauts éducatifs, tels qu'une offre alimentaire trop importante de la part des parents, un encouragement systématique à manger de la part de l'entourage, des modèles parentaux troublés (ainsi les enfants en surpoids mangent plus vite que la moyenne, tout comme leurs parents).

– Des activités physiques insuffisantes.

– L'anarchie émotionnelle habituelle à cette période de la vie qui favorise des compulsions alimentaires tout aussi anarchiques.

– Enfin les traumatismes, tels que des agressions sexuelles, que l'on retrouve plus fréquemment dans cette population selon certaines études.

Les causes ou les facteurs favorisants, psychologiques ou émotionnels, relevés diversement par les études sont : une mauvaise estime de soi, une image du corps globalement négative, des troubles affectifs, de l'anxiété, des états dépressifs ou des troubles du comportement social.

Les conflits autour du corps sont également des facteurs occasionnant du stockage de graisse, que ce soit du fait de colère rentrée, d'agressivité retournée contre soi pour épargner les parents, du désir inconscient de maintenir un état de dépendance vis-à-vis des parents. La prise de poids comme paravent pour se protéger du désir sexuel des hommes (familiers ou inconnus) est un facteur majeur à l'adolescence, à l'heure de la prise de conscience des désirs masculins et de l'éveil de ses propres désirs.

Mais les conséquences sont aussi des causes : ainsi la mésestime de soi, due à son propre regard ou aux moqueries de l'entourage, provoque un repli sur soi et une conservation à visée protectrice des graisses qui enveloppent le corps.

Notons aussi que l'adolescence est une période propice à l'installation d'une dépendance aux aliments qui peut se prolonger à l'âge adulte. Car dépendre des aliments est une méthode inconsciente pour ne plus dépendre de rien ni de personne.

L'enfant imaginaire

Être gros, en chair, charnu, empâté, épais, fort, lourd, massif, plantureux, opulent, enflé donne une place singulière au sein de son environnement. Mais en amont, cela donne une identité qui nous représente au sein de la famille. Cette étiquette a pu être collée sur nous très tôt, dès notre prime jeunesse si l'embonpoint est ancien. Notre façon d'être nous fait désigner d'une certaine manière par notre entourage. Mais nous devenons aussi tels que notre entourage nous désigne. Ce que l'enfant devient est le résultat d'une éducation certes, mais plus globalement c'est la synthèse de désirs multiples, ceux des personnes qui comptent pour lui et en particulier de ses parents.

L'influence parentale sur notre évolution n'attend pas la naissance. Enceinte, la future mère imagine l'enfant que le fœtus deviendra à partir de ses convictions intimes et de ses désirs inconscients qui remontent quelquefois jusqu'à sa propre enfance, au temps où, petite fille, elle s'imaginait maman d'un enfant, pourquoi pas avec comme père son propre papa, tout en jouant avec son baigneur. La petite fille ou le petit garçon jouant au papa ou à la maman prennent plus ou moins modèle sur leur mère ou père. Ils peuvent décrire parfois avec une précision étonnante leurs enfants imaginaires.

Quand je questionne Élodie, quatre ans, sur le bébé avec lequel elle joue pendant la consultation, elle me le présente en détail : « Il s'appelle Eliot, il est très gros parce qu'il aime beaucoup le chocolat et il ne fait que des bêtises. » J'apprendrai par la suite qu'elle a un cousin un peu plus âgé qu'elle, Eliot, pour qui elle a le béguin. Par ailleurs, ce cousin adoré est gourmand et enrobé comme son bébé Eliot : tel père imaginé, tel fils imaginaire…

Mais l'enfant imaginaire n'est pas toujours investi positivement. Si durant la période sensible d'élaboration de cet enfant imaginaire, soit entre trois et sept ans, une fillette connaît des perturbations éducatives et affectives, la future mère qu'elle deviendra pourrait charger son enfant imaginaire d'éléments négatifs.

« Ce fut sans doute le cas de ma mère, me confie Maïa. Enfant, elle a été maltraitée par son oncle et sa tante auxquels elle fut confiée et qui l'ont élevée. Elle s'est retrouvée enceinte de moi sans l'avoir voulu, avec un homme qui n'a pas voulu rester avec elle. Elle ne s'aimait pas suffisamment pour imaginer qu'elle pouvait donner naissance à quelqu'un de bien. Je n'étais pas née que déjà elle sentait qu'il n'y aurait pas grand-chose entre nous. Toute petite, quand elle parlait de moi, ma mère disait la "petite boule". Je suis restée cela pour elle, une petite boule qu'elle avait dans le ventre et qu'on lui a ôtée. Heureusement, j'ai trouvé auprès de ma grand-mère paternelle l'amour qu'elle n'a pu me donner, mais je me suis longtemps considérée comme un amas informe, tantôt comme une excroissance, une verrue, une boule ou un boulet. D'ailleurs, sur mes dessins d'enfant, je me dessinais comme une juxtaposition de sphères : tête ronde, corps rond et membres ronds. Ce n'est que plus tard, quand j'ai commencé à avoir un autre regard sur moi, que je me suis détachée peu à peu de l'image que ma mère avait de moi, quand elle-même a commencé à me voir différemment, quand les autres m'ont aidée à me voir comme humaine, notamment au début de l'âge adulte, que physiquement j'ai perdu mes formes informes pour prendre véritablement forme. »

À cet enfant imaginaire qui dort en nous depuis l'enfance s'allie l'enfant imaginé, celui que la femme enceinte se représente consciemment, à partir du ressenti spécifique de sa grossesse, selon qu'elle se sent plus ou moins bien physiquement, que le fœtus apparaît calme ou agité dans l'abdomen, selon la date de naissance prévue et le futur signe zodiacal de l'enfant par exemple. « Je me sens énorme, dit Estelle qui est pourtant dans les normes de poids d'une femme enceinte de trois mois. Je suis sûre qu'il sera un gros bébé. D'ailleurs, son frère et ses oncles sont tous massifs », ajoute-t-elle.

Des liens qui traversent les générations

On peut vouloir retrouver en toute conscience, chez son enfant, des aspects d'un de ses ascendants, mais on peut aussi le désirer non consciemment. En effet, on souhaite parfois retrouver des défauts (en tout cas jugés tels aujourd'hui) d'un ascendant qui, lorsqu'on était enfant, nous a marqués. On a besoin de les retrouver, ne serait-ce que pour tenter de les comprendre, de les digérer.

Ainsi, l'enfant de Samira est très agressif, comme l'était son propre père avec elle. En fait son fils se soumet au désir inconscient de Samira de retrouver ce qui la faisait souffrir chez son père. Dans quel but ? Peut-être inconsciemment pour pouvoir pardonner à son père (« si père et fils sont violents avec moi, c'est que ça vient bien de moi » pourrait-elle se dire) car il est toujours pénible psychologiquement d'en vouloir à son père. Ou comme si elle voulait tenter de comprendre la façon d'être de son père, de maîtriser la situation en faisant repasser la bande vidéo du passé grâce à son fils. Ainsi le désir inconscient de retrouver certains traits de nos ascendants est-il associé à la crainte consciente de s'y confronter. Samira a formulé très tôt la peur que son fils ne devienne comme son propre père. Or en deuxième prénom elle lui a donné, « par tradition » précise-t-elle, celui de son propre père…

Au-delà des influences parentales, il y a les influences familiales. L'enfant, avant et après sa naissance, est à la croisée de désirs conscients et inconscients des autres membres de la famille qui auront individuellement plus ou moins d'impact.

Il existe aussi des influences transgénérationnelles. Cette notion très à la mode aujourd'hui sous le vocable de « psychogénéalogie » n'est pas récente. La psychanalyste Françoise Dolto l'avait largement utilisée dans sa pratique, mais ce sont surtout les psychothérapeutes familiaux ou les psychothérapeutes systémiciens qui l'ont théorisée. Les influences transgénérationnelles font, par exemple, que l'on retrouve chez un enfant des traits de caractère, des conduites, des difficultés psychologiques ou relationnelles, des façons d'être qui trouvent leur origine, leur explication dans l'histoire d'un ascendant, qui peut être lointain, sans qu'il y ait de transmission génétique pour l'expliquer.

Pierre était le seul « rond » dans une famille de minces. Bien que protégé par sa mère, il était la cible de moqueries de ses frères ou de ses cousines et toute sa vie ses aînés lui faisaient des remarques désobligeantes quant à son supposé manque de volonté. Il en a gardé une profonde mésestime de soi et a mis sur le compte de son poids sa médiocre réussite professionnelle par rapport aux professions des membres de sa famille. Heureusement, il fit la connaissance d'une jeune femme qui s'attacha à lui et qui, férue de psychogénéalogie, décida d'étudier avec lui son arbre. Il découvrit alors qu'à chaque génération, du côté de son père, le fils aîné occupait le rôle de bouc émissaire et se retrouvait pour des raisons diverses écarté de la famille. À commencer par son oncle paternel, qui présentait un eczéma touchant l'ensemble de son corps. Son entourage, dégoûté par son aspect (bien que l'eczéma ne soit pas contagieux), gardait ses distances et il dut faire de fréquentes cures thermales.

Une génération au-dessus, le frère de sa grand-mère fut mis au ban de la famille en raison de comportements délinquants qui commencèrent très tôt puisque enfant il fut mis en maison de correction. Quant au père de cet homme, prénommé Pierre-Marie, fils aîné lui-même, il fut également très mal considéré, placé en nourrice alors que ses frères et sœurs étaient élevés au château familial, puis mis en pension dès l'école primaire tandis que les autres avaient droit à un précepteur à domicile. Pierre découvrit avec difficulté (notamment à partir de lettres retrouvées) qu'il y avait un doute sur les origines de son aïeul Pierre-Marie, dont le père n'avait jamais été certain d'être le père biologique (comme beaucoup d'hommes en temps de guerre). C'est à travers cette cascade de répétitions que Pierre comprit le statut de bouc émissaire du fils aîné, et le rôle qu'il dut occuper malgré lui au sein de sa famille. Ce travail sur lui-même fait grâce à son amie le transforma moralement et physiquement. Il s'affina et gagna une telle confiance en lui qu'il en devint un membre incontournable de sa famille.

Obligée d'être grosse

Il y a aujourd'hui un diktat de la minceur. Cet état de fait a d'ailleurs poussé en 2007 les élus du peuple à légiférer pour condamner ceux qui inciteraient aux restrictions alimentaires excessives. Des raisons médicales, des motifs esthétiques, ou encore le désir de bien-être invitent à perdre du poids, pourtant nombre de personnes en surpoids ont l'interdiction de mincir. Ni volonté consciente de leur part ni injonction venue de l'extérieur (d'un médecin par exemple), cette interdiction a été intégrée dans la partie inconsciente de leur cerveau, souvent dès la petite enfance. Elle s'est élaborée à partir de fausses croyances, de pensées fantaisistes, de constructions imaginaires, ou de fantasmes. Par exemple, il a pu exister dans l'enfance une soumission à des désirs exprimés consciemment ou non par l'entourage qui aurait obligé à rester ou à devenir gros.

Le plus souvent, il s'agit de consignes indirectes, non verbales, qui sont transmises à l'enfant. En effet, on formate un enfant par des demandes explicites, mais aussi implicites : par exemple en le resservant systématiquement lors des repas, en s'intéressant excessivement à ce qu'il mange, en s'inquiétant de sa santé (« es-tu sûr d'avoir mangé ce matin, tu es bien pâlot »), en l'associant à des personnes rondes (« tu tiens vraiment de mon père ! » répétera à son fils une femme dont le père était un bon vivant)... On transmet nos désirs à nos enfants en toute conscience ou en toute inconscience.

Il ne faut pas voir une volonté de nuire dans ces situations. Vouloir retrouver son père en son fils n'a rien de préjudiciable a priori. Craindre que son enfant manque de force en ne se sustentant pas suffisamment non plus. On peut aimer son enfant et craindre qu'il ne s'éloigne de nous ; vouloir inconsciemment maintenir un lien de dépendance par l'intermédiaire de l'alimentation est alors un compromis qui nous permet de supporter son émancipation en d'autres domaines.

Sans compter que ces désirs parentaux peuvent aussi avoir été compris de façon erronée par l'enfant, et traduits par lui en nécessité de stocker des kilos quand il s'agissait d'autre chose. Par exemple, tel père qui voyait sa propre sœur chérie en sa fille songeait davantage à son tempérament tandis que sa fille, qui avait intégré la consigne de ressembler à sa tante, ne voyait en elle qu'un physique particulièrement enrobé.

De la part de l'enfant, exprimer des désirs familiaux est une forme de loyauté transgénérationnelle. Il est des loyautés qui nous aident à vivre et d'autres qui nous emprisonnent. Ces injonctions, que les individus concernés cachent au fond de leur histoire personnelle, expliqueraient en partie ou en totalité leur difficulté à maigrir malgré un régime raisonnable et une volonté qui ne fait pas de doute.

Quelques cas

Voici certaines situations où des personnes ont intégré au cours de leur développement une forme d'interdiction à être minces. Peut-être vous reconnaîtrez-vous en elles ? Si ce n'est pas le cas, réfléchissez à un éventuel interdit que vous auriez introjecté.

Isabelle a réalisé qu'elle est issue d'une famille où, si les hommes ont un poids standard, les femmes sont rondes. Toutes ? Non : l'une d'elle, sa cousine Élisa, est particulièrement mince. Mais Isabelle ne la voit pas. Élisa a quitté le pays et vit désormais outre-Atlantique. Élisa est décrite par les aînées comme étant le vilain petit canard de la famille qui n'en a toujours fait qu'à sa tête. Isabelle comprend que cette cousine est la rebelle inconsciente à un ordre familial qui imposerait implicitement, entre autres impératifs, aux femmes d'être rondes. Il y a des règles non dites dans toutes les familles parmi lesquelles les façons dont les hommes ou les femmes doivent respectivement se conduire ou paraître. Au même titre que les croyances religieuses ou les opinions politiques, mais dans ce cas implicitement et inconsciemment. Dans la famille d'Isabelle, féminité ne pouvait rimer qu'avec rondeurs.

Camille a réalisé que son interdiction à être mince s'appuyait simplement sur l'histoire de son frère. Celui-ci, victime du sida, est mort après quatre ans de souffrance. Ce fut terrible pour Camille qui a vu son grand frère adoré revenir vivre chez ses parents et passer son temps alité, amaigri (lui qui était auparavant une force de la nature) par la maladie, les traitements et sans doute aussi la dépression. Pour Camille, rester ronde, c'était être bien portante. La minceur, c'est la maladie, la tristesse et la mort.

Pour Marion, devenir mince aurait été faire de l'ombre à sa mère. Celle-ci s'enorgueillissait de paraître aussi jeune que sa fille et surtout beaucoup plus mince. Elle a toujours aimé sa fille mais cette dernière ne devait pas déroger à sa place de faire-valoir.

Pour Katline, il était interdit de passer inaperçue. Sa mère, qui l'a élevée seule, souffrait de la maladie de Kreschmer, une forme particulière de dépression qui s'accompagne d'un repli sur soi, d'inhibition, de timidité excessive, de perfectionnisme et du sentiment que les autres sont moqueurs, méprisants et globalement hostiles. Ce sont des personnes couleur muraille, que l'on ne remarque pas et qui souffrent en silence. Katline se devait de devenir le bras armé de sa mère, son idéal, son contraire. La mère de Katline se vivait amèrement comme une petite chose sans valeur, méprisée, voire invisible (et qui se persuadait de façon délirante d'être au centre de tous les reproches comme un moyen inconscient de se donner de l'importance). En revanche, elle voulait que sa fille se remarque, fasse le poids, le contre-poids. Ce message, le psychisme de Katline l'a pris au pied de la lettre. Elle est devenue quelqu'un d'exubérant, qui aux yeux des autres a l'air sûre d'elle et qui physiquement également se remarque par sa corpulence.

Je rappelle que ces interdits sont habituellement implicites, à l'inverse des injonctions qui imposent par exemple à un enfant de ne pas être mauvais élève. C'est l'individu lui-même qui les intègre à partir de ce qu'il perçoit des attentes fondamentales de ses parents ou des personnes qui ont autorité sur lui, des croyances vraies ou fausses auxquelles il adhère, ou des menaces qu'il imagine peser sur lui s'il dérogeait à cette règle intériorisée.

Il n'est pas aisé de repérer ce type d'interdit tant il se situe au plus profond de soi-même. Et encore moins de s'en débarrasser. L'aide d'un spécialiste, psychiatre ou psychologue, est alors la bienvenue. C'est un véritable travail sur son histoire personnelle qui s'impose, mais qui n'est pas nécessairement très long. Il s'agit d'analyser ses différentes conduites traduisant la soumission à l'interdit, ses tentatives de rébellion, les attitudes de l'entourage qui soutiennent ou tentent de nous délivrer. Il faut ensuite faire un travail d'imagination pour évaluer ce qu'il serait advenu et ce qu'il adviendrait de nous si l'on ne se soumettait plus à cet interdit.

Ignorer ces mécanismes qui conditionnent notre façon d'être, c'est comme ignorer les cartes que nous avons dans notre jeu. Les connaître ne nous assure pas la victoire mais ne laisse au destin qu'un seul rôle : celui de battre les cartes.

4

Manger pour ne plus dépendre

La notion de dépendance est intrinsèque à l'humanité. Les bébés d'homme sont parmi les plus dépendants de toutes les espèces animales. La durée de la dépendance des petits humains à leurs parents est d'ailleurs le corollaire de la supériorité de leur développement chez les mammifères. C'est parce que leur cerveau poursuit son développement après la naissance qu'un nombre considérable d'acquisitions nouvelles sont possibles et qu'il ne fonctionne pas seulement sur l'inné. L'état de dépendance aux autres, et notamment aux parents, rendu indispensables par le manque d'autonomie de l'enfant, est le cadre qui permet ces acquisitions.

Ce lien de dépendance aux parents se délite quand il n'est plus si nécessaire. Il se reporte alors sur d'autres, et notamment les amis ou l'être aimé, pour une durée plus ou moins longue. Mais les parents peuvent aussi être dépendants vis-à-vis de leurs enfants. Certains ont en effet beaucoup de mal à vivre sans eux et ressentent comme un déchirement leur départ de la maison.

Mireille, soixante-cinq ans : « J'ai consacré ma vie aux six enfants que j'ai élevés. Quand le dernier a quitté le domicile, je me suis sentie inutile. Ils venaient me voir, bien sûr, mais le reste du temps ils me manquaient. Je me retenais de les appeler pour ne pas les importuner. Avec mon mari nous avons profité de notre temps libre en faisant différentes sorties ou voyages, mais c'était insuffisant pour combler mon manque. C'est après le départ du dernier que j'ai commencé à manger plus que de besoin. Je n'ai jamais manqué d'appétit, mais habituellement je ne mangeais pas entre les repas. Moi qui ne pensais aux repas que pour savoir ce que j'allais préparer aux enfants, je ne me reconnaissais plus, tant j'étais devenue obsédée par la nourriture. Mes pensées ressemblaient à des réserves de magasins d'alimentation. »

Dépendre des aliments pour ne plus souffrir

Les humains peuvent aussi être dépendants à des substances au fort pouvoir toxicomaniaque comme le tabac, l'alcool, le cannabis, le café ou bien à des activités comme le sport ou le travail. La dépendance aux aliments ou à l'acte de manger fait partie de cet ensemble de dépendances et n'est pas la plus rare. Les aliments sont, comme l'alcool et le tabac, facilement accessibles. Ils produisent rapidement un bien-être et leur prise peut être quantifiée, ce qui donne une illusion de maîtrise.

Or il existe une autre forme de dépendance qui, elle, n'est pas quantifiable. C'est la dépendance aux individus, notamment dans le cadre des relations amoureuses, qui trouve son origine, on l'a vu, dans les premiers liens d'attachement. Ce caractère non maîtrisable des dépendances interhumaines peut faire peur. L'autre peut nous faire souffrir en n'étant pas aussi présent qu'on le souhaiterait. La peur de la manipulation existe chez nombre d'individus. À l'inverse, un produit, à la différence des êtres humains et des sentiments, est toujours disponible et on le contrôle plus facilement. C'est pourquoi beaucoup préfèrent dépendre des aliments que des personnes, surtout après avoir souffert d'une séparation, que ce soit dans l'enfance ou à l'âge adulte.

Il y a probablement des facteurs génétiques qui rendront un individu plus ou moins sujet à la dépendance, que ce soit aux aliments ou à d'autres produits. Mais des facteurs de développement psychologique entrent souvent en ligne de compte. Ainsi le fait d'avoir évolué, enfant, dans un climat d'insécurité affective, avec un parent maternant dont la présence comme l'absence n'étaient pas prévisibles par l'enfant. Ou encore d'avoir grandi avec un parent maternant qui ne supportait pas la séparation d'avec son enfant et qui de fait ne lui permettait pas de mettre en place une capacité à supporter la frustration de l'absence favorise également les comportements de dépendance à l'adolescence, à l'heure de l'indispensable prise de distance d'avec les parents (en raison de la menace incestueuse notamment).

Sarah : « J'ai commencé à grossir à l'adolescence. Je suis devenue véritablement dépendante aux aliments, sucrés en particulier. Je devais en avoir toujours sur moi. J'avais peur de manquer. J'en stockais dans ma chambre comme si je risquais la pénurie. Quand j'allais dormir chez des copines, j'avais peur d'avoir faim et j'emportais toujours des biscuits avec moi au cas où. Je stockais aussi dans mon corps en mangeant au-delà de ma faim, comme si j'allais manquer plus tard et que je devais faire des réserves au cas où. À chaque repas, je mangeais comme si la famine était pour demain… »

La toxicomanie aux aliments

Si on peut parler de toxicomanie aux aliments, c'est aussi parce que l'on sait aujourd'hui que la nourriture est véritablement un produit addictogène. Il y a des toxicomanies aux aliments comme il en existe pour d'autres produits. D'ailleurs, les hormones régulant l'appétit sont aussi impliquées dans les circuits neurologiques concernés dans les états de dépendance aux toxiques. Ainsi la ghréline, hormone sécrétée par l'estomac qui ouvre l'appétit, agit sur les zones cérébrales (c'est visible grâce aux techniques d'imagerie cérébrale) jouant dans les addictions. Chez l'obèse, il y aurait comme chez le toxicomane ou la personne alcoolodépendante moins de récepteurs à la dopamine, ce qui traduirait, sinon expliquerait, la moindre aptitude au plaisir. L'ingestion d'aliments induisant une sécrétion de dopamine comme signal d'un plaisir pris, en cas de carence dans le système, il y a nécessité d'augmenter les prises pour stimuler en force les circuits cérébraux du bien-être. Mais il est aussi possible que ce soit l'obésité qui provoque une baisse du nombre de ces récepteurs.

Un début possible dès l'enfance

La dépendance aux aliments peut débuter dans la petite enfance et se lover dans le lit d'angoisses de séparation propres à cet âge. Les aliments viennent alors tenir lieu de représentants du parent nourrissant. En effet, les premières années de son développement, l'enfant acquiert une autonomie en différents domaines : autonomie motrice, de langage, de pensée... Mais chaque étape de cette émancipation est susceptible de générer des inquiétudes parfois très fortes. Les parents et tous les adultes chargés de l'éducation de l'enfant jouent un rôle fondamental dans la façon dont il va se défendre contre ces peurs. L'amour qu'ils lui témoignent et le cadre éducatif qu'ils mettent en place vont lui permettre de construire un espace de sécurité interne qui prendra le relais peu à peu de leur enveloppe protectrice. Ainsi ils seront avec lui rassurants sans être négligents, apaisants tout en ne cédant pas au « tout, tout de suite », présents sans être envahissants, aimants sans être dévorants, vigilants sans être angoissés eux-mêmes à chaque pas ou à chaque mini-séparation (école, coucher, week-end chez la grand-mère), prévisibles sans être rigides, protecteurs sans être hermétiques.

Mais les éducations reçues sont rarement idéales. Et l'enfant peut être confronté à des parents, ou à d'autres personnes chargées de son éducation, qui se montrent froids, indifférents, déprimés, malveillants, moqueurs, imprévisibles dans leur comportement, anxieux, incohérents dans leur conduite, absents, carençants, étouffants. Toutes ces attitudes sont susceptibles de créer un sentiment permanent d'insécurité interne chez l'enfant, d'autant plus si ce dernier présente un tempérament sensible. Le recours à la nourriture devient alors pour lui un système de réassurance, qui apaise, soulage, apporte la douceur, le bien-être qui lui font défaut. Le lien à la nourriture apparaît plus fiable, plus solide et surtout plus maîtrisable que le lien aux adultes. À défaut de pouvoir se construire un monde interne sécurisant, l'enfant va tenir en bouche les représentants parentaux que deviennent pour lui les aliments. À l'instar de ce qu'ils étaient quand ils le nourrissaient, tout petit, alors que lui ne différenciait pas totalement le lait de celui qui le lui donnait. Ainsi, dépendre de la nourriture lui permet de supporter son autonomie et d'avoir moins à dépendre des adultes insécurisants, créant paradoxalement une prise d'indépendance vis-à-vis de ces derniers.

Attention, cela ne signifie pas que toutes les obésités de l'enfance sont liées à des distorsions éducatives. Il n'est question ici que de possibles facteurs causaux ou favorisant des dépendances alimentaires.

L'adolescent, une cible de choix

Mais la période de la vie la plus propice à l'installation d'une toxicomanie en général, et d'une toxicomanie alimentaire en particulier, est l'adolescence. Ce, on l'a dit, en raison des remaniements psychologiques et affectifs propres à cet âge mais aussi parce que le contrôle de l'environnement est moins aisé qu'avec un enfant plus jeune. Précisons que l'adolescence se prolonge de plus en plus et que certains adultes revivent parfois des remaniements de type adolescent, notamment à l'occasion de l'adolescence de leurs enfants ou d'un événement marquant (décès de leurs propres parents par exemple).

Parmi les bouleversements qui marquent cet âge, on trouve la nécessaire distanciation de l'adolescent vis-à-vis de ses parents. Or ce besoin d'autonomie intrinsèque chez l'ado est source de vulnérabilité. Se mettre à dépendre de la nourriture est un procédé pour ne plus dépendre de ses parents. C'est donc par un souci de liberté, pour ne plus être soumis à une emprise parentale, paternelle ou maternelle, vécue comme limitant l'émancipation et maintenant dans un état d'infantilité, que l'adolescent va tomber dans les bras de la dépendance alimentaire. Pour se libérer de la tutelle du roi et de la reine de son enfance, il se livre à la dictature au vernis libertaire de cette forme de toxicomanie. Car, au début, l'adolescent croit être libre quand il mange comme il veut, ce qu'il veut, à l'heure où il veut. Et cette façon de se détacher, qui a l'avantage de la facilité (il est aujourd'hui si facile de se procurer des aliments) et donne en prime le plaisir de la régression, s'inscrit de surcroît dans une transgression par rapport aux règles alimentaires en cours à la maison. Et le plaisir de la transgression est un moteur important à cet âge… jusqu'à ce qu'il se rende compte qu'il est tombé dans une fausse liberté qui bloque son émancipation.

Car, à l'inverse, le surpoids émotionnel est aussi un moyen inconscient de rester dépendant de ses parents. En effet, si le surpoids est excessif, il induit un isolement social, entretenu par le rejet des autres. Or le repli sur soi, le statut de victime du corps social ou de la fratrie, pourra renforcer le lien de protection et de dépendance parent-enfant, ce qu'appréciera, par exemple, un ado qui a peur de devenir autonome en raison d'une angoisse de séparation, ou qui veut simplement garder les bénéfices secondaires de cette dépendance affective.

Clément est un garçon de quatorze ans. Sa mère, Julie, voulait une fille qui lui ressemble. Des trois garçons qu'elle a eus, il est celui qui lui ressemble le plus. Julie est une mère poule pour lui. Elle s'alarme lorsque Clément se jette sur les brioches qui remplissent les placards, mais elle ne peut s'empêcher d'en acheter : « Je ne vais pas affamer mes deux autres fils », se justifie-t-elle. Complexé, timide, Clément refuse toute activité extrascolaire et reste au domicile familial. « Je me demande comment il fera pour vivre seul, s'inquiète sa mère, il est si peu débrouillard. Je dois lui acheter ses vêtements alors que son frère plus jeune fait lui-même ses achats. » Mais ces inquiétudes exprimées, si elles sont sincères, masquent mal le désir profond de Julie de garder Clément auprès d'elle le plus longtemps possible.

Redevenir bébé

La dépendance alimentaire à cet âge est également facilitée par le besoin et le plaisir de la régression. Ces moments de régression sont bien connus des parents d'adolescents. Elle s'explique par un accrochage affectif au passé, à l'heure des adieux à l'enfance, avant le grand saut vers l'âge adulte, mais aussi par le retour en flammes des pulsions de la petite enfance, occasionné par le tremblement de terre psychologique de la puberté. Si notre personnalité était une maison, elle serait construite lors des six premières années pour rester ensuite relativement stable, en dehors d'aménagements intérieurs, car la période entre six et onze ans est riche en acquisitions de toutes sortes ; à l'occasion de la puberté, la maison serait réaménagée de fond en comble : on casserait des murs pour agrandir, on referait la cave et le grenier, on ajouterait un étage… Tout cela ferait revoir et toucher aux fondations. Voilà qui explique, durant les travaux (en moyenne deux à trois ans pour le plus gros du chantier), le retour des traits archaïques de la personnalité qui correspondent aux fondations. Ce réaménagement s'avère souvent utile car il permet de réhabiliter des structures qui étaient mal disposées et de corriger ainsi des troubles datant de la petite enfance. C'est pourquoi une dépendance alimentaire et une obésité émotionnelle qui dateraient de la petite enfance peuvent disparaître à l'occasion des remaniements de l'adolescence, où se mettent en place une nouvelle personnalité, un nouvel environnement, de nouveaux liens affectifs, une nouvelle façon de penser, ou de nouveaux mécanismes de défense contre les angoisses.

Parmi les épisodes de régression, il y a le retour au stade oral des deux premières années, le regain du plaisir simple de la tétée, rappelant cette période de l'existence où du « bon » était mis à l'intérieur de soi par un adulte aimant. À l'adolescence, la régression orale se manifeste dans le besoin de mettre toujours quelque chose en bouche : capuchon de stylo, joint, goulot de bouteille et bien sûr aliments. Se fixer au plaisir oral est rassurant à l'adolescence car c'est un mode d'accès au plaisir bien connu. Il est donc moins menaçant psychologiquement que le plaisir sexuel, certes devenu accessible, mais pavé de mystères et d'inquiétudes. Céder aux pulsions orales apparaît aussi moins dangereux que céder aux pulsions agressives qui sont réactivées à cet âge.

À manger, tout de suite !

Une autre caractéristique propre aux adolescents favorise l'hyperphagie : c'est l'impulsivité. Cette impulsivité évoque celle de l'enfant âgé de deux à trois ans. Certains ados ont toujours été impulsifs, par nature ou parce que l'éducation reçue ne leur a pas permis d'apprendre à tolérer les petites et grandes frustrations de l'existence par des paroles adaptées (les ados que l'on peut apaiser par des paroles ont sans doute été des bébés auxquels on a suffisamment parlé). Mais la plupart le deviennent à l'occasion de la puberté, avant de retrouver progressivement une nouvelle capacité à contrôler leurs pulsions, comme l'éducation leur a appris à le faire dans l'enfance. Leur impétuosité fait qu'ils sont moins aptes à différer leur plaisir, à supporter les frustrations. Dès le moindre ressenti de faim, il leur faut tout de suite de quoi la soulager et la réponse est parfois disproportionnée. C'est d'autant plus manifeste chez ceux dont, enfants, on répondait immédiatement à la moindre des demandes, en particulier si on leur donnait des aliments ou des sucreries dès qu'ils se plaignaient… et pas seulement d'avoir faim.

Manger pour éviter de penser

L'adolescent contrôle difficilement ses pensées car elles sont en complète restructuration. Son cerveau est en plein développement et de nouvelles connexions se mettent en place. Des idées, des connaissances nouvelles font irruption dans son mental. L'ado comprend des concepts à côté desquels il passait jusqu'alors, et qui peuvent l'effrayer. Son esprit est envahi de désirs nouveaux, de fantasmes (désirs inconscients) divers qui sont associés au retour des pulsions, d'envies nouvelles qui le débordent (sexuelles, agressives par exemple), de craintes qui prennent la forme de cauchemars éveillés. Cela explique qu'il ait tendance à faire n'importe quoi pour éviter de penser, que ce soit en étant toujours dans l'action, en consommant des toxiques comme l'alcool et le cannabis, qui inhibent la pensée, ou bien en occupant son temps à manger et à somnoler pendant la digestion.

Manger pour avoir une contenance

La phobie sociale est particulièrement fréquente à l'adolescence : c'est la peur du contact avec les autres. Je la considère comme un retour de flammes de l'angoisse de l'étranger caractéristique du nourrisson vers le huitième mois. Alors qu'il était un enfant très sociable, l'ado touché par cette phobie n'ose plus parler en public, est gêné de s'adresser au commerçant et parfois même de parler au téléphone. Il a l'impression dans la rue d'être au centre de tous les regards et considère toute attention effectivement portée sur lui comme hostile ou moqueuse. Dans ce contexte, manger est un moyen de se donner une contenance en présence d'autrui. C'est un appui et un facteur d'apaisement. En outre le surpoids, une fois installé, est un prétexte idéal au repli sur soi et au maintien à la maison. Il est aussi un justificatif idéal pour argumenter autour du vécu d'hostilité ambiante.

La boulimie

Le terme « boulimique » est utilisé trop largement pour désigner une personne qui mange trop et trop souvent. On devrait dans ce cas parler d'« hyperphagie ». La boulimie, stricto sensu, est une véritable maladie qui est affaire de spécialistes. Elle concerne l'adulte et plus particulièrement les femmes (qui représentent plus de 90 % des cas et sont 2 % à être concernées), et apparaît habituellement dès l'adolescence. Elle se caractérise par des épisodes de prises alimentaires qui surviennent par crise.

La personne profite d'un moment de solitude pour absorber une quantité considérable d'aliments, sans préparation, allant jusqu'à avaler des plaquettes de beurre ou des raviolis froids de la veille si elle n'a pas eu le temps de « préparer » sa crise en faisant des achats appropriés à ses goûts (aliments qu'elle aime mais qu'elle s'interdit habituellement). Elle est souvent en état second lors de la crise. Quand celle-ci est passée, une fois sur deux, elle se fait vomir et ressent un intense sentiment de honte et de désespoir. Secondairement, l'usage de laxatifs, des moments de jeûne et la pratique de sports intensifs pour éliminer la surcharge calorique ne sont pas rares.

Souvent ces jeunes femmes ne sont pas en surpoids, elles ont pu être ou sont encore anorexiques. Et ces crises alternent alors avec des périodes de restriction calorique sévères dont elles sont en partie la conséquence. Mais il y a surtout des facteurs psychologiques derrière ce trouble grave du comportement alimentaire, en particulier un souci de maîtrise de soi, dans tous les domaines de l'existence, poussé à l'excès, qui conduit à ces dérapages vécus comme du laisser-aller. La boulimie est aussi une façon de lutter contre une humeur dépressive et une difficulté d'accès au plaisir en général. Pour certains spécialistes, d'ailleurs, le va-et-vient brutal induit par l'absorption et le rejet des aliments correspond à un processus d'érotisation. Pour d'autres, il s'agirait de l'équivalent d'une conduite addictive (toxicomaniaque) où la drogue serait l'aliment absorbé en shoot. Il y a en tout cas la recherche de sensations fortes et, hors les crises, une volonté farouche de maîtrise de soi. Il est intéressant de noter que les antidépresseurs qui augmentent le taux de sérotonine, neuromédiateur impliqué dans les circuits émotionnels, ont une efficacité sur la boulimie en réduisant la fréquence des crises.

L'aliment antidépresseur

L'adolescence est une période de vulnérabilité sur le plan de l'humeur. Des épisodes dépressifs de durées variables, parfois très brefs mais récurrents, sont particulièrement fréquents. Toute dépression est consécutive à une perte, qu'elle soit réelle, symbolique ou imaginaire. Or l'adolescence conglomère une série d'adieux, notamment au corps, aux modes de pensée et aux liens affectifs de l'enfance. Si une dépression majeure, installée dans la durée, provoque habituellement une perte de poids, en revanche des épisodes dépressifs peuvent être responsables d'hyperphagie principalement en raison des mécanismes de lutte contre cette dépression naissante. Plusieurs mécanismes possibles entrent alors en jeu, en lien avec les symptômes de la dépression chez l'ado : fatigue, régression, impulsivité, vide intérieur, anxiété. Voyons de quelle façon chacun de ces cinq symptômes de la dépression peut favoriser une prise de poids :

– La lutte contre la fatigue physique et morale va passer par un apport calorique décuplé afin de retrouver une certaine énergie.

– La dépression induit un état de régression. Car un retour aux stades antérieurs de développement occasionne moins de dépenses énergétiques, ce qui est utile en cette période d'« hibernation », de mise au repos psychique indispensable pour se ressourcer face au stress qu'est la dépression. Or on a vu plus haut en quoi la régression favorisait la dépendance alimentaire.

– L'impulsivité, le passage à l'acte représentent une autre parade à la dépression caractéristique de l'adolescence pour prendre le contrepied et lutter contre la passivité et le ralentissement inhérents à l'humeur neurasthénique. Or, si l'impulsivité peut s'exprimer par des accès d'agressivité, elle peut aussi se porter sur le comportement alimentaire pouvant aller jusqu'à des passages à l'acte boulimique.

– Un sujet en état de dépression a un mode de pensée modifié. Un sentiment de vide intérieur est fréquent en raison d'un ralentissement cognitif, d'une mémoire moins active et d'une paralysie émotionnelle. Le cerveau fonctionne au ralenti, d'où cette impression de moindre intérêt pour tout. C'est l'hiver dans la tête et dans le cœur. Le recours aux aliments est alors une recherche de bien-être simple, le but étant de compenser la disparition du plaisir que procuraient la pensée et l'imaginaire, aujourd'hui paralysés, mais aussi le désintérêt grandissant pour des activités qui jusqu'à présent étaient source de bien-être avant que la dépression ne s'installe. En mangeant abondamment, l'ado cherche des ressentis physiologiques pour tenter de compenser la baisse de la sensorialité et des éprouvés émotionnels. Il a moins de goût pour tout (en particulier pour les aliments) et recherche donc des sensations fortes en augmentant ses apports.

– Enfin, la dépression naissante est près d'une fois sur deux associée à de l'anxiété. D'ailleurs, l'angoisse existe souvent à l'adolescence en dehors de tout moment dépressif. Elle peut se porter sur différents objets : peur de la mort de ses proches, de vieillir, d'être seul, de ne pas être normal, etc. Mais parfois l'angoisse reste flottante, sans objet. Elle éclot brutalement ou occupe un fond permanent sous la forme d'inquiétude vague mais tenace. Elle gêne le sommeil, la réflexion et a volontiers une traduction physique (palpitations, sueurs, difficultés respiratoires, maux de ventre). Or la prise alimentaire est un mode, courant, de réponse à l'anxiété par l'apaisement physiologique et psychologique qu'elle engendre.

Pour conclure, on a vu que la dépendance alimentaire peut réapparaître ou se renforcer à l'adolescence, favorisée par différents facteurs psychologiques liés aux remaniements de cette période : besoin d'émancipation, impulsivité, régression, peur des autres, pensées gênantes, dépression, anxiété. Les addictions alimentaires qui touchent l'adulte peuvent remonter à l'enfance ou à l'adolescence. Car même si les remaniements pubertaires sont provisoires, l'installation d'une dépendance alimentaire à cette occasion peut, elle, persister. Enfin, ces différents facteurs peuvent aussi jouer à l'âge adulte lors d'événements qui entraînent des réaménagements psychologiques, par exemple lors d'un divorce, d'un deuil ou de la naissance d'un enfant – nous y reviendrons plus loin.

5

La grossesse et la ménopause

Les kilos de la grossesse

Parmi les événements de vie, il en est un dont l'impact sur les kilos émotionnels peut-être aussi important que l'adolescence, c'est la grossesse.

Prendre du poids pendant sa grossesse, c'est plutôt bon signe… surtout pour le futur bébé. Mais il n'est pas nécessaire d'en prendre trop. Et pour beaucoup de nouvelles mamans, perdre ces kilos est un véritable souci. Or ce n'est pas qu'une affaire de régime, mais aussi d'émotions inédites.

Lors du premier trimestre, on prend un ou deux kilos. C'est une période où l'appétit est volontiers diminué (en raison notamment des nausées). En revanche au deuxième trimestre, les fameuses « envies » de la femme enceinte font bon ménage avec les fringales. Six kilos est une prise de poids idéale : deux pour le fœtus et quatre pour que la mère fasse des réserves en vue d'allaiter. Puis, au troisième trimestre, on va prendre un kilo par mois. Ce qui fait entre neuf et treize kilos en moyenne : presque six kilos pour le bébé et ses diverses enveloppes, deux kilos de rétention d'eau, une augmentation d'un litre de sang ou plus et le reste en réserves pour la femme. Ce sont ces réserves inutilisées qui resteront en excès, après l'accouchement.

Ainsi Camille, vingt-six ans, est maman du petit Théo, âgé de six mois. Elle pesait soixante-dix kilos avant sa grossesse, pour un mètre soixante-cinq. À la fin de sa grossesse, elle était montée à quatre-vingt-six kilos. Aujourd'hui, son poids est de quatre-vingts kilos. Or elle n'arrive pas à perdre ses kilos superflus malgré son régime.

Les facteurs émotionnels et psychologiques divers (remontée du passé, stress, relâchement moral...) jouent un rôle dans la prise de kilos superflus lors de la grossesse, mais aussi dans la difficulté à les perdre après l'accouchement. Et les remaniements émotionnels sont fréquents à ce moment si singulier de l'existence où l'on devient mère pour la première fois. Car chaque grossesse possède son impact propre.

L'ensemble des restructurations psychologiques fait que la femme enceinte n'est pas une femme comme les autres. Elle est sujette à des remontées de son inconscient nourries de ses histoires de petite fille. Les rêves d'une femme enceinte éclairent sur l'enfant qu'elle était et sur les relations établies entre elle et ceux qui l'ont élevée. Cela explique des comportements régressifs avec un retour à des modes de satisfaction très en lien avec la prise de nourriture. Ces retours du passé vont parfois générer de l'anxiété ou de la tristesse, qui vont à leur tour influer sur son comportement alimentaire.

Davantage conscient, le stress causé par une grossesse difficile aggrave volontiers une prise de poids.

Une femme qui contrôlait jusqu'alors son appétit va

parfois profiter de son statut de femme enceinte pour s'autoriser à lever les contraintes qu'elle s'était imposées ou qui lui était imposées plus ou moins implicitement par son entourage et lâcher la bride à son plaisir gourmand qui, fort d'avoir été si longtemps limité, devient outrancier.

Certaines femmes sont avant l'heure des mères particulièrement nourricières et, craignant sans doute que leur enfant ne soit en manque, mangent pour deux…

Chez d'autres la grossesse est vécue péniblement. Ce sont parfois celles qui ont longtemps hésité avant d'accepter de tomber enceintes. Elles ont le sentiment d'être dépossédées de leur corps ; de ne pas contrôler ses variations physiques ; d'être soumises au désir de ce futur être qui croît à l'intérieur d'elles ; d'être menacées de l'intérieur dans la maîtrise de soi. Manger est alors pour elles une manière de tenter de reprendre le contrôle du cours des choses et, de façon illusoire, d'être celles qui commandent la prise de poids et de volume de leur corps enceint.

Les images de la maternité

Devenir mère modifie l'image de soi. Les préoccupations ne sont plus les mêmes, les priorités non plus. On ne vit plus sa féminité de la même façon. On s'identifie à de nouvelles images. Certaines ont au fond d'elles une image « arrondie » de la mère. Cette association de la rondeur et de la maternité est communément partagée et traverse beaucoup de cultures. Elle remonte à ces siècles où la rondeur était signe de bonne santé et où la mère nourrissait l'enfant à partir de ses réserves personnelles. Beaucoup des femmes d'aujourd'hui, que leur mère ou leur nourrice ait été ronde ou non, ont cet archétype en mémoire et sont influencées par lui dans la nouvelle image qu'elles ont d'elles-mêmes quand elles deviennent mères. Certaines femmes se sentent alors vraiment femmes, comme si auparavant elles n'étaient que « filles de » et ce quel que soit leur âge. Pour elles, inconsciemment, la féminité n'est pas liée à la coquetterie de la minceur mais correspond bel et bien à des formes plantureuses. D'autres perdent tout esprit de séduction, comme si être à la fois mère et femme désirante n'était pas compatible. Peut-être n'ont-elles connu leur mère que sans homme (femme divorcée se consacrant à ses enfants) ou bien leur mère négligeait-elle trop son mari pour ses enfants ?

Quand le cœur n'y est plus

Après l'accouchement, d'autres causes émotionnelles expliquent des prises de poids.

Le blues qui suit plus d'une grossesse sur deux est attribué aux brutales modifications hormonales. Sans doute ce blues a-t-il aussi comme origine le chagrin de quitter ce vécu de complétude qu'éprouvent beaucoup de femmes enceintes, ainsi que la confrontation avec la réalité de son enfant, différent évidemment de l'enfant imaginé durant la grossesse.

Bien plus grave que le blues qui suit une grossesse et ne dure que quelques jours, la dépression du post-partum témoigne d'une difficulté à renoncer à l'état de grossesse qui faisait tant de bien. Mais aussi à assumer ce nouveau statut de mère. Surtout quand on a le sentiment de n'être pas aidée, d'être moins désirable, ou de ne plus intéresser personne au détriment du bébé. Des causes plus profondes entrent en jeu, comme des difficultés affectives chez la mère quand elle était elle-même nouveau-né. Il peut s'agir par exemple de carences affectives ou d'interactions perturbées avec sa propre mère ou sa nourrice. La dépression ne survient pas toujours dans l'immédiate suite de couches. C'est quand elle survient au cours de la première année qui suit un accouchement que l'on peut parler de « dépression du post-partum ». Or, selon les critères retenus pour définir l'état dépressif, elle concernerait jusqu'à 20 % des femmes ayant accouché ! Et toute dépression, quelle que soit son intensité, peut occasionner des prises de poids.

La crainte d'une reprise de la sexualité explique aussi les kilos émotionnels : ceux-ci jouent alors un rôle de repoussoir chez des femmes qui n'arrivent pas à associer, dans le champ de leur identité affective, leur fonction d'épouse et celle de mère, ou bien qui n'arrivent plus à désirer un homme devenu père. Les plaintes maritales, toutes légitimes qu'elles soient, ne font alors que renforcer une culpabilité source de kilos supplémentaires.

L'impact des fausses couches

Quand la grossesse n'est pas menée à son terme, et que la femme subit une fausse couche, des prises de poids émotionnelles sont possibles, en lien avec la douleur ressentie, surtout si celle-ci n'a pas été reconnue ni prise en charge. Ces grossesses interrompues ont pu l'être involontairement (fausse couche spontanée, mort in utero), mais aussi volontairement (interruption volontaire de grossesse, interruption médicale de grossesse). Or, même volontaire et assumée, il arrive qu'une interruption de grossesse soit aussi un facteur de souffrance psychique [1].

Après une grossesse interrompue, une humeur dépressive, un état de stress post-traumatique, la culpabilité, la colère, le déni, la tristesse sont susceptibles de générer des prises de poids. Après certaines fausses couches traumatiques, quand la perte du fœtus n'est pas reconnue par l'entourage, tout se passe comme si l'enfant continuait sa gestation dans le psychisme de la femme qui l'abritait et qui n'a pas renoncé à être secrètement sa mère. Ainsi, Éliane, un an après, n'a jamais perdu les trois kilos pris lors de son début de grossesse interrompue par une fausse couche.

Le cas de Ghislaine, trente-quatre ans, est plus impressionnant. Elle a pris, depuis qu'elle a vingt-cinq ans, vingt-sept kilos, alors qu'elle n'avait jamais été en surpoids et n'a aucun antécédent familial d'obésité. Vingt-sept kilos, le poids d'un enfant de neuf ans. C'est en effet il y a neuf ans que Ghislaine a fait une fausse couche. Elle en pleure encore quand on prend la peine de lui en parler et d'être en empathie avec elle. Le plus étonnant est que le rythme de sa prise de poids, c'est-à-dire le nombre de kilos pris par année, correspond véritablement à la croissance d'un enfant.

1. Voir Stéphane Clerget, *Quel âge aurait-il aujourd'hui ?*, Fayard, 2007.

La ménopause émotionnelle

La ménopause, qui survient habituellement entre quarante-cinq et cinquante-cinq ans, est un autre événement de vie majeur dans l'existence d'une femme. En raison des modifications hormonales survient une prise de poids sans qu'il y ait modification de l'appétit – en réalité, il s'agit surtout d'une nouvelle répartition des graisses. En périménopause (trois à cinq ans avant la ménopause), les œstrogènes sont fabriqués irrégulièrement avec parfois des excès qui se traduisent par un surplus de graisse et de la rétention d'eau. À la ménopause, les œstrogènes n'ayant plus d'action, le corps se transforme sous l'influence des dérivés de la testostérone sécrétée par les surrénales. La graisse quitte alors les seins et les membres pour gagner le ventre et les épaules. La baisse fréquente lors de la ménopause de la sécrétion des hormones thyroïdiennes (hypothyroïdie) est une autre cause de surcharge graisseuse.

Des traitements hormonaux substitutifs peuvent compenser ces modifications. Mais une légère prise de poids (deux à quatre kilos) ne doit pas être considérée trop négativement par les femmes concernées. Statistiquement, elles vivent en général plus longtemps que celles qui n'en prennent pas, en perdent, ou en prennent trop. C'est dans les cellules graisseuses que la testostérone des surrénales se transforme en œstrogènes, ce qui compense en partie leur baisse liée à la ménopause.

Quand il y a une prise de poids, il serait erroné d'en attribuer toute la responsabilité aux changements physiologiques. Les facteurs émotionnels, indépendamment des émotions induites par les hormones, entrent également en ligne de compte. Bien que des professionnels le contestent, la période qui entoure la ménopause apparaît comme un moment de plus grande vulnérabilité sur le plan émotif. Les femmes rapportent volontiers des modifications de leur humeur, une irritabilité, une tendance à pleurer pour un rien, des angoisses diffuses sans raison apparente ou un manque d'entrain.

Certaines femmes, surtout celles attachées aux habitudes, se sentent un peu perdues quand les rythmes qui jusqu'alors scandaient leur existence, consacrée notamment à l'éducation des enfants, n'ont plus cours. Cette perte de repères peut les déboussoler et les pousser à s'alimenter comme pour se donner plus de poids face à un vécu jugé instable.

L'apparition de malaises physiques indéfinissables, de certaines douleurs dans les seins en particulier, invite aussi à rechercher dans la nourriture un réconfort.

Une sécheresse des muqueuses rendant les rapports intimes douloureux, le sentiment d'être moins désirable, une baisse de la libido vont entraîner une diminution des relations sexuelles. Ce frein mis aux pulsions génitales peut provoquer par un mécanisme de déplacement une augmentation des modes de satisfaction oraux, et notamment le plaisir de manger.

La ménopause est considérée par beaucoup de femmes comme un deuil. Celui de la maternité bien sûr, et celui de la jeunesse car le vieillissement du corps connaît une brusque accélération à cette période de la vie : la peau devient moins souple, les cheveux plus ternes, les ongles cassants. Mais elles font aussi souvent le deuil de leur féminité. Cela les touche donc au plus profond de leur identité. Car, dans l'esprit commun, la féminité se résume à la capacité d'enfanter, associée à la beauté de la jeunesse. Un homme se sent toujours un homme quand il prend de l'âge et que ses spermatozoïdes ont autant de mal à se mobiliser que lui. Pourquoi considérer autrement les femmes ? Ce triple deuil s'accompagne d'anxiété et d'humeur dépressive qui, on verra comment en détail plus loin, sont de grandes pourvoyeuses de kilos émotionnels. Le risque dépressif serait, selon certaines études, multipliées par quatre dans la ménopause. Qu'il soit lié ou non à l'un de ces deuils ou uniquement à des facteurs hormonaux, il existe un lien manifeste entre le passage de la ménopause et l'apparition d'une dépression.

Les troubles du sommeil sont fréquents à l'approche de la ménopause. Ils provoquent une fatigue physique et morale, une irritabilité, et ils aggravent les troubles de l'humeur. En conséquence, ils poussent à manger davantage comme un moyen de lutte contre ces symptômes.

Heureusement, cette période de la vie a aussi ses bons côtés. L'éducation des enfants arrive à son terme ce qui libère du temps. Sur le plan professionnel, on arrive à cet âge à des fonctions intéressantes. Familialement, on prend véritablement ses distances avec ses parents et on se libère des freins de l'enfance. Enfin, l'expérience de la vie permet souvent de pouvoir gagner en sagesse et d'avoir un regard sur la vie qui traverse les apparences. Ce mieux-être a un impact positif sur les émotions et donc sur le poids.

On a vu que nous sommes au carrefour d'influences plurielles tout au long de notre vie dans le rapport émotionnel que nous entretenons avec notre poids. Certaines d'entre elles apparaissent inévitables, telles que la ménopause. Il existe cependant des moyens d'y faire face, médicalement, par des traitements substitutifs, et psychologiquement. De même, l'éducation qu'on a reçue n'est pas une fatalité et la résilience est possible. On peut lutter contre l'apparence de son destin, et contre l'apparence que le destin semble nous avoir imposée.

6

Tout ce qui joue sur nos émotions

Les médicaments

Un certain nombre de médicaments agissent sur nos émotions en intervenant directement sur le système nerveux central ou sur le système hormonal. Il faut en tenir compte dans votre programme d'amélioration de votre silhouette.

Les tranquillisants (ou anxiolytiques) agissent sur l'anxiété. Ce sont des benzodiazépines pour la plupart. Ils sont très efficaces sur l'angoisse qui pousse notamment à manger. Mais ils sont responsables de somnolence et de passivité et leur utilisation expose à un risque de dépendance. À l'arrêt de la prise peut apparaître un rebond de l'anxiété.

Les neuroleptiques sont les médicaments les plus susceptibles de faire grossir. Ils sont prescrits en cas de troubles graves de la personnalité, d'épisodes délirants, mais aussi certains comme régulateurs de l'humeur ou pour des troubles anxieux très intenses. Sur le plan émotionnel ils provoquent une indifférence affective, une sédation et parfois un état dépressif.

Les antidépresseurs agissent aussi sur la sphère anxieuse. Si votre état dépressif vous pousse à manger, ils limiteront cette tendance. Ils agissent aussi positivement pour la plupart sur les obsessions et les compulsions alimentaires. Ils réduisent les accès boulimiques. Mais certains d'entre eux entraînent une prise de poids (heureusement réversible à l'arrêt du traitement) qui contrebalance leur effet bénéfique. Parmi les autres effets indésirables possibles, on observe des angoisses, une nervosité, une indifférence affective, une agitation, et une euphorie avec une levée de toute retenue.

Les corticoïdes, indiqués pour différentes maladies provoquant des inflammations, sont réputés faire grossir. Ce n'est pas si simple. Pris sur une longue durée, ils entraînent une surcharge en eau et une redistribution des graisses au niveau de la nuque et de l'abdomen, mais pas sur les cuisses et les fesses. Cependant, dès les premières prises, ils agissent sur l'humeur et ont un effet qui lève les inhibitions et rendent, à forte dose, euphorique. Cet effet peut conduire à prendre des initiatives, à « sortir » de soi-même et aider à une certaine libération des kilos émotionnels. En revanche, l'euphorie peut pousser à des attitudes débridées et à des excès alimentaires.

Les médicaments élévateurs de la tension ont aussi un effet coupe-faim, ainsi que certains médicaments contre l'asthme. Ils peuvent aussi provoquer de la nervosité.

Les médicaments correcteurs des maladies hormonales agissent aussi sur les émotions via les hormones. C'est le cas des substituts hormonaux que prennent les femmes en période de ménopause ou des hormones thyroïdiennes en cas d'insuffisance de la glande thyroïde. Les premiers favorisent une distribution des graisses qualifiée de « gynoïde » (cuisses, fesses, seins) – tandis que la ménopause provoque une redistribution dite « androïde » (graisse sur l'abdomen) – et agissent souvent positivement sur le moral. Les hormones thyroïdiennes de substitution, elles, luttent contre la prise de poids due à l'hypothyroïdie mais rendent anxieux en cas de surdosage (ce sont des hormones très difficiles à équilibrer). Ces différents effets sont réversibles à l'arrêt du traitement et ces extraits thyroïdiens sont prohibés dans une visée de régime en raison de leurs effets secondaires.

Les médicaments luttant contre la maladie de Parkinson peuvent entraîner un état dépressif, de l'agressivité, ou une agitation hypomaniaque (euphorie, levée d'inhibitions).

Beaucoup des médicaments qui sont aujourd'hui prescrits en vue d'obtenir un amaigrissement ont aussi un impact émotionnel.

Le topiramate (Topamax) est à l'origine un médicament antiépileptique qui prévient les convulsions. Il est aujourd'hui prescrit pour limiter les comportements compulsifs et notamment les compulsions hyperphagiques. Il peut en revanche rendre somnolent et moins réactif. Il agit comme un régulateur de l'humeur.

Le Dépamide, la Dépakine ou le Dépakote sont utilisés avec le même objectif et des effets secondaires semblables. En sachant que le Dépakote peut aussi entraîner directement des prises de poids.

Cette liste n'est pas exhaustive. Ce qui signifie qu'il importe de demander à son médecin traitant les effets possibles sur le psychisme ou les émotions de l'ensemble des médicaments que l'on prend, parfois depuis longtemps de façon habituelle.

Les aliments

Les émotions agissent sur le comportement alimentaire, le choix des aliments consommés et sur le stockage des graisses. Mais à l'inverse, les aliments, par leur composition chimique, exercent aussi une action sur les émotions. Ainsi, pour agir sur ses kilos émotionnels, il faut aussi être attentif au contenu de son assiette.

Les protéines sont indispensables à la fabrication des neuromédiateurs du cerveau qui sont le carburant de nos émotions.

Le sel, utilisé comme condiment ou celui qui est présent dans les charcuteries, les biscuits apéritif, les plats composés, certaines eaux minérales, est indispensable pour un bon équilibre du « milieu intérieur ». Mais une alimentation trop riche en sel est souvent associée à une élévation de la tension artérielle, qui elle-même possède un impact émotionnel s'apparentant à une humeur dépressive sans tristesse exprimée.

Le magnésium est très présent dans les légumes et les fruits secs, le chocolat ou les fruits de mer. S'il fait défaut, cela se traduit par des troubles anxieux.

Le fer se trouve en quantité dans les viandes (rouges surtout), les abats, les œufs (le jaune), le chocolat, le vin, les fruits et les légumes secs. Le manque de fer n'est pas rare, surtout chez les femmes en raison des règles notamment car le fer est stocké dans le sang. Sa carence entraîne une anémie, elle-même à l'origine d'une humeur morose, d'un abattement moral et physique.

Le calcium est contenu en abondance dans les fromages, les laitages, les fruits secs (amandes, noisettes), la semoule complète, le persil, le navet, le germe de blé. C'est un régulateur du système nerveux et du rythme cardiaque.

Le phosphore est très présent dans les laitages, la viande, le poisson, les œufs, les haricots blancs, le pain complet, les petits pois, les fruits secs. Il est indispensable également au bon fonctionnement des cellules nerveuses.

La vitamine B12 est contenue dans le germe de blé, la levure de bière, le foie, les viandes rouges, le poisson, les fruits de mer, les céréales complètes, le jaune d'œuf. Sa carence est à l'origine d'anémie et donc de baisse de régime émotionnel.

La vitamine C favorise la synthèse des catécholamines qui jouent un rôle en cas de stress. Elle permet donc de renforcer le tonus et de mieux affronter la fatigue. Elle est présente dans les fruits et les légumes frais. Étant très fragile, elle est vite détruite par la chaleur de la cuisson.

La vitamine B6 participe à la synthèse de neurotransmetteurs (adrénaline, sérotonine…). Sa carence est donc à l'origine d'une moindre capacité à résister au stress et pousse à y céder par toutes sortes d'émotions négatives. Elle se trouve en quantité dans la levure et le germe de blé. Elle est aussi présente dans la viande, le poisson, le foie, les rognons. En revanche, fruits et légumes, pains et céréales sont pauvres en vitamine B6.

L'oméga 3 est connu pour être un agent d'équilibre du système nerveux central. Il agit positivement sur l'humeur et renforce la résistance au stress. Ses sources naturelles sont l'huile de noix, de colza, de lin, le saumon et le thon, le cresson, les choux, les épinards.

La caféine présente dans le café, le thé, le chocolat est un stimulant. En excès, elle favorise le stress mais à dose adaptée elle a un effet bénéfique sur l'humeur.

Le soja est riche en phytoestrogènes, substances végétales de structure analogue aux œstrogènes. Chez les grandes consommatrices de soja, les phytoestrogènes ont des effets comparables aux hormones féminines. C'est pourquoi le lait de soja est déconseillé aux nourrissons chez lesquels il favoriserait également une hypothyroïdie.

La lactorphine, présente dans le lait de vache, a une action positive sur le sentiment de bien-être.

Le chocolat est connu pour ses vertus antidépressives, stimulantes et euphorisantes.

La sérotonine est un neuromédiateur qui apaise l'anxiété. Une carence en sérotonine induit notamment des troubles du sommeil à l'origine de kilos émotionnels et favorise des compulsions alimentaires. La sérotonine est élaborée à base de tryptophane. Cet acide aminé se trouve dans le lait, les œufs, le chocolat, les fruits (en particulier la noix de coco et les produits à base de céréales).

La tyramine est un composé très psychostimulant qui rend dynamique, tonique physiquement et moralement, et qui est coupe-faim. En excès, il peut rendre agressif. Il se trouve en quantité dans les viandes (bœuf et volailles), le poisson, les produits fermentés comme le fromage, et certains fruits (banane, noix de coco, avocat, figue, cacahuète) ainsi que dans les produits dérivés du soja.

Les phényléthylamines sont des neurotransmetteurs du cerveau que l'organisme synthétise (notamment quand on est amoureux), mais ils existent aussi tels quels dans certains aliments comme le chocolat, les fromages ou le vin rouge. Ils ont des effets psychoactifs. Euphorisants, ils contrent l'humeur dépressive. À trop forte dose, ils entraînent de la nervosité.

D'autres aliments ont des vertus émotionnelles. Ainsi les artichauts, le potiron ou les oignons seraient des toniques sexuels. Certaines épices comme la cannelle et le gingembre stimulent la circulation sanguine et attisent indirectement différentes émotions, en particulier le sentiment amoureux. D'autres épices comme le poivre, le safran, la muscade et le piment sont des stimulants des pulsions sexuelles.

La liste n'est bien sûr pas exhaustive. Les aliments grâce à leur composition chimique agissent sur nos émotions. Aussi le régime, par les modifications qualitatives qu'il induit, a donc un impact émotionnel variable. Mais il a aussi un impact émotionnel indépendamment de ces modifications, selon qu'il est plus ou moins restrictif.

L'impact émotionnel des régimes

Un régime mal équilibré – et ils sont nombreux à l'être – entraîne des carences en certains nutriments qui, on vient de le voir, ont un possible impact sur notre humeur.

Par ailleurs, à force de fuir le gras et le sucre, on se détourne d'aliments appréciés et, ce faisant, on se prive, d'une source de plaisir. On s'éloigne d'un bien-être physique (gustatif) mais aussi moral, puisque les aliments gras et surtout sucrés sont associés symboliquement à de bons souvenirs. Ainsi Josy ne pourrait se passer, sans périr un peu, des madeleines qu'elle prend le dimanche et qui lui rappellent cette bonne grand-mère chez laquelle elle allait enfant chaque week-end.

Quand on mène un régime trop restrictif, on recherche habituellement sur le plan alimentaire de nouvelles saveurs qui soient coupe-faim et peu caloriques en contrepartie des saveurs sucrées associées à un fort pouvoir énergétique. On se tourne alors vers des saveurs acides ou amères, du type de celles que fournissent les cornichons ou le pamplemousse. On boit beaucoup, on perd le plaisir de manger et l'on risque de devenir, à l'image des nouveaux condiments absorbés, des personnes acides et amères. Les aliments que l'on consomme sont considérés sur un plan purement comptable, réduits à un nombre de calories. Parfois, ils ne ressemblent plus à des aliments quand il s'agit de substituts, de repas liquides ou de barres dites « alimentaires ». Ils se limitent à des nutriments qui se contentent de répondre à nos besoins mais qui ne participent aucunement à décorer notre intérieur d'images et de symboles humanisants. On absorbe des constituants : des protéines, des vitamines, des sels minéraux, comme autant d'éléments de construction du robot, désaffectivé par définition, qu'on essaie de devenir. Cela crée un manque d'apport symbolique et, sur le long terme, donne de soi-même une image creuse qui favorise un sentiment de vide ou un état dépressif.

Le régime isole

Quand on suit un régime trop restrictif, on se prive aussi de la dimension sociale des prises alimentaires. Ainsi, on renonce aux sorties au restaurant, on ne va plus déjeuner avec les collègues au self de l'entreprise, et l'on en vient parfois à refuser les invitations chez des amis. C'est donc un facteur d'isolement social mais aussi affectif, qui génère un impact émotionnel négatif.

On s'isole aussi mentalement quand bien même on continue de passer du temps avec les gens de son entourage. En effet, quand on mène un régime contraignant, on en vient à ne penser qu'à cela, à ce que l'on doit manger et à ce dont on doit se priver mais qui, en conséquence, tend à envahir notre esprit. Le sujet devient obsédant et occupe nos conversations et nos pensées. Il nous détourne des autres sujets qui étaient jusqu'alors susceptibles de nous intéresser et d'intéresser l'entourage. En retour, les autres se détournent peu à peu de nous et de nos obsessions, renforçant l'isolement et réduisant encore le champ des activités comme celui de la pensée, qui n'est plus sollicitée par autrui sur d'autres sujets que… le régime.

Le poids du stress

Le stress fait grossir car il fait manger. Il agit sur le comportement alimentaire en poussant à consommer des aliments sans faim dans un but d'apaisement. À l'inverse, sauter un repas, ou ne pas manger à sa faim, peut induire un état de stress. C'est démontré chez l'animal, notamment chez le rat qui, stressé expérimentalement (on lui pince la queue), va réagir en mangeant. Mais aussi chez l'être humain.

Une étude a mis en évidence qu'au sein d'une population de femmes, celles qui avaient connu le plus de stress ont grossi davantage durant les quatre années qui ont suivi, et ce indépendamment d'autres facteurs pouvant influencer le poids. Ces résultats sont les mêmes quels que soient les origines ethniques, les revenus et le niveau d'éducation. Selon une enquête nationale américaine[1], 31 % des femmes

1. Réalisée auprès d'environ deux mille adultes de dix-huit ans et

et 19 % des hommes déclarent consommer de la nourriture pour soulager les effets du stress. Et ils vont se tourner en particulier vers des aliments riches en sucre ou en gras. Il semble que cette tendance à s'orienter vers la nourriture soit proportionnelle au degré de stress, mesuré à partir du niveau de fatigue, d'irritabilité ou des troubles du sommeil.

Un impact variable

Une majorité d'individus sont poussés, par de petits stress répétés au quotidien, à s'alimenter bien qu'ils soient rassasiés. En revanche, des états de stress majeurs en intensité, ou trop longtemps imposés, vont parfois couper l'appétit. Quand le stress pousse à manger, l'effet est plus marqué chez les personnes fragilisées préalablement, en particulier les personnes qui suivent un régime qui peut leur « porter sur les nerfs ». Ce sont alors surtout les aliments « interdits », gras ou sucrés, qui vont être choisis. Car le stress pousse à trop manger et surtout à mal manger.

Des études ont montré que des événements stressants isolés – perdre ses papiers, devoir faire un exposé professionnel, avoir un entretien avec son supérieur hiérarchique – modifient ponctuellement les habitudes alimentaires. Soumis à des facteurs de stress, les individus vont manger en moindre quantité lors des repas au profit de collations riches en gras et en sucre, réduisant ainsi leurs apports en fibres.

L'impact du stress sur l'alimentation est fonction des

---

plus par l'American Psychological Association en partenariat avec le National Women's Health Resource Center et iVillage.com.

personnalités. Il est particulièrement dommageable sur les mangeurs émotionnels qui se tournent vers la nourriture à chaque émotion négative ; la prise de poids conséquente va alors être elle-même une source supplémentaire de stress. Hommes et femmes semblent réagir différemment en fonction des différentes sources de stress. Ainsi, une étude anglaise a montré qu'une forme de stress professionnel (mesuré en termes de longues heures de travail) rendrait les femmes plus susceptibles que les hommes de consommer davantage de collations riches en gras et en sucre et à faire moins d'exercices, ce qui se traduit par une prise de poids. La majorité des hommes réagiraient différemment à la routine professionnelle, qui les protège peut-être d'autres situations stressantes pour eux comme les difficultés relationnelles ou les imprévus personnels.

Le stress immobilise

Le stress fait grossir car il limite les exercices physiques. Les gens stressés sont plus souvent sédentaires[1]. Ils soulagent ainsi leurs symptômes de stress à court terme, mais peuvent connaître des problèmes de santé à long terme. Le stress occasionne un état de fatigue morale qui est un facteur limitant pour tout projet d'activité physique, sauf chez les personnes qui ont très jeunes pris l'habitude d'éliminer leur stress par le sport. Le stress invite souvent au repli sur soi, à une mise à l'écart de l'extérieur avec un maintien à la maison, surtout en cas de stress professionnel. S'il arrive que le stress provoque un état d'agitation avec le besoin de

1. Enquête citée.

sortir, il n'est pas question alors d'activités physiques élaborées mais davantage d'agitation vaine n'ayant sur les graisses qu'un pouvoir catabolique limité.

Le stress stocke le gras

Last but no least, le stress fait également grossir en dehors des modifications du comportement alimentaire. Des chercheurs anglo-saxons ont démontré que des souris stressées soumises à un régime hypercalorique ont pris deux fois plus de poids que des souris non stressées ayant reçu la même alimentation. Le stress provoquerait ainsi un plus grand stockage. Le mécanisme serait en particulier lié à la sécrétion par le système nerveux sympathique d'un neuropeptide qui stimule l'accroissement de la masse graisseusc abdominale. On a également constaté que chez les humains, le stress provoque une accumulation de graisse.

Soumises aux stress, les femmes vont davantage sécréter de cortisol par les glandes surrénales (situées comme leur nom l'indique au-dessus des reins). Cette hormone favorise le stockage des graisses dans la ceinture abdominale. Mais cette action diffère selon les individus. Les femmes déjà en surpoids s'adaptent plus vite que les femmes minces et sont donc relativement moins touchées. Soumises expérimentalement à la même dose de stress, les femmes minces vont continuer à sécréter du cortisol alors que chez les femmes rondes cette sécrétion aura cessé au bout de quelques jours. Le stress fait donc davantage grossir les femmes minces que les femmes rondes.

En fait, la situation est plus complexe : le surpoids, induit par le stress, touche surtout les femmes qui accumulent la graisse au niveau de l'abdomen, bien plus que celles qui ont tendance à la stocker au niveau du bassin et des cuisses. On nomme « androïde » l'obésité qui met en jeu surtout l'abdomen, car les hommes dans leur majorité accumulent les graisses dans cette région. On qualifie de « gynoïde » l'engraissement des hanches et des cuisses. C'est l'obésité androïde qui est surtout liée à des risques cardio-vasculaires. Chez les femmes ménopausées, la répartition des graisses va se faire plus souvent au niveau de l'abdomen en raison de la chute des œstrogènes et de la domination relative des androgènes qui sont sécrétés chez la femme par les glandes surrénales. Le stress devient donc chez elles particulièrement préjudiciables en termes de prise de poids et de risque pour le cœur.

Mais il semblerait aussi que le stress favorise une répartition abdominale de la graisse indépendamment de la ménopause. En effet, une étude a montré que les jeunes femmes chez qui la prise de poids se situe plutôt dans la région abdominale ont vécu plus de stress chronique que celles chez qui la prise de poids se localise surtout au niveau des hanches.

Attention aux vacances !

Les facteurs de stress, quelle que soit leur nature, n'ont pas toujours un impact immédiat. Il existe souvent un décalage entre l'exposition au stress et le maximum de son impact. Après un film d'horreur c'est souvent la nuit suivante et pas toujours durant le film que se produisent les symptômes physiques de malaise propres aux personnes sensibles (en particulier chez les enfants). De même pour les attaques de panique qui surviennent volontiers en période de décompression et notamment le week-end ou au début des vacances plutôt qu'en période de stress professionnel.

Il existe aussi des prises alimentaires occasionnées par le stress du quotidien, et notamment du travail, qui surviennent majoritairement en période de repos, quand « les nerfs lâchent ».

Les vacances sont des sources potentielles de stress et, à ce titre, poussent à modifier de bonnes habitudes alimentaires. Ainsi en est-il du stress qui précède un départ en vacances que les parents de familles nombreuses connaissent bien. Mais aussi du stress qui impose de bien réussir ses vacances dans une vision perfectionniste de son existence : quand les vacances ont été très attendues et qu'elles justifiaient a priori de supporter de longues périodes de travail et un investissement financier conséquent, alors les éventuels désagréments liés à des problèmes d'organisation ou des imprévus peuvent être particulièrement stressants. Il est aussi question du syndrome post-vacances touchant essentiellement ces jeunes actifs qui partent peu, mais surtout qui prennent toutes leurs vacances en une fois et qui souffrent de difficultés d'adaptation à la reprise du travail, avec le sentiment d'entrer dans un tunnel pour les onze prochains mois.

Apprendre à se mettre à l'abri du stress ou à gérer son stress est donc une étape indispensable dans la lutte contre les kilos émotionnels.

7

Comment réduire le stress

Source majeure de kilos émotionnels, le stress agit par différents mécanismes qui mettent en jeu des hormones et des neurotransmetteurs. Il crée des modifications dans le comportement alimentaire, dans la mobilisation physique, mais agit aussi directement en stockant la graisse, c'est-à-dire en modifiant le métabolisme de base.

Bon et mauvais stress

Mais de quoi parle-t-on quand on parle de « stress » ? Et quels sont les moyens de le diminuer ? Face à une situation jugée par l'individu comme frustrante, menaçante, contrariante, l'organisme réagit pour tenter de s'adapter. Rares sont ceux qui réagissent calmement, sans impulsivité. On nomme « stress » un ensemble de réactions physiques, émotionnelles et comportementales. Ces réactions d'adaptation ne sont pas sous le contrôle de la volonté ; ce n'est pas le cortex cérébral qui les gère. Elles sont administrées par des régions cérébrales qui engagent le cerveau émotionnel, mais aussi plus profondément encore les zones contrôlant le système végétatif. Les animaux, et en particulier les mammifères, ont en commun avec nous une partie de ce système d'adaptation (les symptômes physiques du stress) qui fait jouer notre « archéo-cerveau [1] ».

Gérer son stress ne signifie pas supprimer systématiquement ce mécanisme adaptatif, mais ne le laisser se mettre en route que lorsqu'il est rationnellement justifié. Car le propre de l'homme est de pouvoir, grâce à son cortex, moduler ses réactions émotionnelles, pulsionnelles ou instinctives. Or si le stress, par l'ensemble des réactions physiques qui le caractérise, prépare au combat, ce dernier n'est pas toujours utile. Dans notre monde humanisé et civilisé, il est souvent plus salutaire, et socialement acceptable, qu'il soit différé ou qu'il prenne d'autres formes que l'affrontement physique. Ces réactions de stress, qui paraissent adaptées dans le monde animal ou chez l'homme des cavernes, ne le sont plus autant aujourd'hui (quoique l'on parle de « jungle urbaine ») et au contraire donnent socialement une mauvaise image de soi. Elles sont devenues souvent superflues, handicapantes, voire néfastes. En effet, il est vain de s'emporter devant une facture de téléphone, handicapant d'être sidéré par le trac devant son supérieur auquel on veut demander une augmentation, et néfaste de vouloir taper sur son enfant qui n'arrive pas à dormir et nous réveille la nuit. En outre, répétées, elles occasionnent une fatigue physique et morale, altérant

1. Notre cerveau contient une partie commune avec les autres mammifères et des couches supérieures (le cortex) qui lui sont propres dans l'importance de leur développement.

notamment à long terme le système cardiovasculaire ou immunitaire.

Les signes du stress

Les signes physiques du stress sont : une augmentation de la fréquence cardiaque et respiratoire (pour augmenter son oxygénation et être plus performant en cas de lutte) ; une dilatation des pupilles (pour mieux voir en cas d'obscurité) ; une plus grande vivacité des réflexes (pour être plus réactif dans la bataille ou la dérobade) ; une tension musculaire provoquant des tremblements ; une sécrétion de sueur (pour s'alléger et s'entourer de son odeur) ; une rougeur de la peau (pour effrayer l'adversaire) ; une vidange de l'intestin et de la vessie (pour être plus léger)... Bref, l'organisme se prépare à l'affrontement ou à la fuite. C'est la libération d'adrénaline dans le sang en moins d'une seconde qui produit l'ensemble de ces effets. Psychiquement, la vigilance est accrue et la pensée se focalise sur le ou les objets stressants, délaissant le reste. On assiste à une attitude de repli ou, à l'inverse, d'agressivité verbale ou physique, d'agitation ou de sidération (comme le lapin devant les phares d'une voiture), d'impulsivité ou de retenue (sous forme de tics ou de tocs).

Si l'état de stress se prolonge sur du long terme, il y a un état de tension nerveuse et musculaire (des muscles striés comme les muscles lisses des organes digestifs), des douleurs physiques, une réduction du sommeil (le but est le maintien d'un état de vigilance), une démobilisation de la pensée par des émotions négatives avec des obsessions idéatives qui provoquent un état d'épuisement physique et

Comment réduire le stress

Décès du conjoint	100
Divorce	73
Séparation	65
Séjour en prison	63
Décès d'un proche parent	63
Maladies ou blessures personnelles	53
Mariage	50
Perte d'emploi	47
Réconciliation avec le conjoint	45
Retraite	45
Modification de l'état de santé d'un membre de la famille	44
Grossesse	40
Difficultés sexuelles	39
Ajout d'un membre dans la famille	39
Changement dans la vie professionnelle	39
Modification de la situation financière	38
Mort d'un ami proche	37
Changement de carrière	36
Modification du nombre de disputes avec le conjoint	35
Hypothèque supérieure à un an de salaire	31
Saisie d'hypothèque ou de prêt	30
Modification de ses responsabilités professionnelles	29
Départ de l'un des enfants	29
Problème avec les beaux-parents	29
Succès personnel éclatant	28
Début ou fin d'emploi du conjoint	26
Première ou dernière année d'études	26
Modification de ses conditions de vie	25
Changements dans ses habitudes personnelles	24
Difficultés avec son patron	23
Modification des heures et des conditions de travail	20
Changement de domicile	20
Changement d'école	20
Changement du type ou de la quantité de loisirs	19
Modification des activités religieuses	19
Modification des activités sociales	18
Hypothèque ou prêt inférieur à un an de salaire	17
Modification des habitudes de sommeil	16
Modification du nombre de réunions familiales	15
Modification des habitudes alimentaires	15
Voyage ou vacances	13
Noël	12
Infractions mineures à la loi	11

moral (fatigue, trouble de l'attention, cauchemars, pensées sombres, désintérêt, état dépressif).

Certaines personnes, en réaction à une situation stressante ou dans un second temps après une réaction de stress, vont consommer des aliments sans faim. La lutte contre le stress au quotidien est donc un des principaux axes de combat contre les kilos émotionnels.

Il importe d'organiser sa vie de manière à éliminer les sources de stress ou à les réduire. Dans un premier temps, il s'agit de repérer l'état de stress. Il faut pour cela être attentif à ses réactions physiques et psychiques décrites plus haut. Dans un second temps, on repérera les objets ou les situations stressants. On pourra les écrire sur un carnet au fil de la journée, tout en les notant selon sa propre échelle de 0 à 10.

Car si certains sont communs à tous (les embouteillages, le stress lié à certaines professions), d'autres sont plus spécifiques (parce que son enfant devenu adolescent occasionne des soucis, parce qu'on est sujet à stresser pour le moindre bobo). Bien sûr, il y a beaucoup de différences d'une personne à l'autre dans le degré de tolérance à un même objet stresseur. Et un même individu, face à une situation stressante donnée, réagira plus ou moins vivement selon les circonstances (période de vacances, saison, événements de vie tels que mariage, naissance, divorce, deuil, promotion ou déclassement professionnel, etc.) ou le moment de son existence (adolescence, âge mûr, ménopause). On différenciera les stresseurs aigus (une facture à payer) des stresseurs chroniques (un conflit récurrent avec son époux).

Voici ci-contre le tableau des stresseurs d'Holmes-Rahe. Pour calculer le niveau de stress, il ne faut tenir compte que des événements qui se sont produits au cours des vingt-quatre derniers mois.

Établissez le total des points obtenus pour tous les événements survenus dans votre vie pendant les deux années écoulées.

Si votre total est inférieur à 150, vous êtes dans la moyenne de la population. Vos risques d'avoir une surchage pondérale conséquente ou une autre maladie liée au stress est d'environ 30 % (ou moins).

Si votre total se situe entre 150 et 300, vous courez environ 50 % de risques d'être sujet à une maladie liée au stress comme une obésité de stress.

Si vous avez au-delà de 300 points, vous avez 80-90 % de risques de subir un changement sérieux de votre état de santé, comme des variations de votre poids.

Le premier mode d'action, une fois les stresseurs déterminés, est de les déminer, ou de s'en protéger. En réorganisant son existence, on peut se mettre à l'abri de certains stresseurs.

Les hyperactifs

Certains individus sont particulièrement réactifs au stress. Les psychiatres comportementalistes les désignent comme étant de « type A ». Dans le langage commun, on se contente de dire qu'ils sont « stressés ».

Ce sont des personnes volontiers hyperactives, entreprenant mille choses à la fois, ne s'accordant que peu de repos, toujours dans l'action, sur le qui-vive et qui n'ont pas une minute à elles. Souvent perfectionnistes, impatients, carrés, exigeant avec eux-mêmes, ils peuvent facilement se montrer irrités et inquiets quand les choses ne se déroulent pas comme ils l'envisageaient. Fonctionnant à flux tendu, ils ne sont que peu à l'écoute d'eux-mêmes et de leurs signaux d'alerte, ils n'ont que peu de réserves émotionnelles, et en cas de grain de sable, c'est la réaction de stress immédiate.

Il convient, si on possède ce profil, d'en rechercher à l'intérieur de soi les origines possibles. Qu'est-ce que vous essayez de fuir ou de quoi cherchez-vous à vous protéger dans cette posture ? Un petit tour dans vos souvenirs d'enfance vous révélera peut-être combien vos parents ont été stressés au point que vous les imitez, ou bien stressants, ne vous laissant aucune minute de répit. Un travail psychothérapique avec un psychanalyste permet de se libérer de cette hyperactivité en en dévoilant les fondements.

Manuelle réalisa que son hyperactivité remontait à son enfance. Elle apprit qu'elle était née après que sa mère avait fait une fausse couche, à six mois de grossesse, d'un fœtus féminin. Prisonnière de son chagrin, non reconnu à sa juste mesure à l'époque, et dans le but de s'en délester, sa mère avait idéalisé son fœtus défunt et n'avait d'yeux que pour lui, ne voyant que lui à travers le portrait de sa fille vivante. Mais cette dernière, Manuelle, n'était pour ce regard jamais à la hauteur de son idéal. Elle ne savait rien, mais ressentait tout. Et elle n'eut de cesse, par un perfectionnisme à tous crins, de tout contrôler autour d'elle et d'être la meilleure en tout. Cela s'expliquait à la fois par sa volonté de répondre aux attentes impossibles de sa mère, mais aussi par la nécessité d'être autonome : sa mère déprimée ne pouvant lui assurer une sécurité affective suffisante, et son père n'investissant affectivement que ses deux garçons, elle ne pouvait compter que sur elle-même. Devenue adulte, toujours perfectionniste et hyperactive, son surpoids était un facteur de stress supplémentaire car elle qui voulait tout maîtriser ne parvenait pas à avoir prise sur son corps qui lui tenait tête comme un poids mort (celui du fœtus défunt ?) ou comme une enfant qui crie famine par manque de tendresse.

C'est la mise au jour de ces nœuds psychiques et l'accompagnement psychothérapique qui permirent à Manuelle de se libérer du poids qui pesait sur elle, de se libérer de ses kilos émotionnels (elle perdit plus de dix kilos), et par ailleurs d'acquérir un tempérament également plus « léger ».

Prévenir le stress

Si les modes d'action pour se protéger sont infinis, autant que les situations de stress, leur point commun est l'anticipation, la prévention de la rencontre avec l'élément stresseur. Ainsi, consulter régulièrement son dentiste, son gynécologue et son médecin traitant permet de prévenir la survenue de certaines maladies. Mettre de côté régulièrement de l'argent permet de faire face à des dépenses imprévues et potentiellement stressantes. La préparation de la rentrée scolaire durant l'été, ou des vacances d'été au printemps, évite les précipitations. La formation professionnelle continue permet de rebondir plus vite en cas de changement au sein de l'entreprise.

Imaginer des situations de stress et les moyens de les prévenir, d'y remédier ou simplement de s'y préparer moralement empêche, ou limite, le stress induit.

Dans le cas de stress chronique, il faut s'efforcer autant que faire se peut de se débarrasser radicalement de ce qui le cause : en demandant un changement de poste s'il est impossible de s'entendre avec son collègue ; en déménageant si le voisinage est destiné par exemple à être bruyant (voisins impossibles, voies ferrées) ; en renonçant à sa voiture pour se contenter d'en louer une en cas de besoin ; en décidant de ne plus se rendre dans sa belle-famille et de laisser son conjoint y aller seul avec les enfants si ses beaux-parents sont décidément insupportables ; en consultant un pédopsychiatre si son enfant est un sujet permanent de préoccupation ; en engageant une psychothérapie de couple en cas de conflits conjugaux récurrents, voire en envisageant le divorce. Si ces décisions sont dans un premier temps source de stress (sinon elles auraient été prises plus facilement), elles sont libératrices et gagnantes à terme.

Pour ce qui est des petits stress aigus du quotidien, il convient d'apprendre à relativiser et à ne plus se faire un monde de tout.

Détendre son corps, renforcer son moral

Un organisme fragilisé surréagit aux événements stressants. Car il n'a pas l'énergie nécessaire pour moduler ses réactions. Par ailleurs, le stress a sur lui un impact d'autant plus nocif. Il convient donc de renforcer les protecteurs naturels du stress.

La première étape consiste à accorder à son corps des temps de repos et de distraction suffisants. Il est fondamental d'avoir un bon sommeil pour se protéger efficacement du stress au quotidien. Les horaires de travail limitant la possibilité de se lever tard, on n'a donc guère le choix que d'apprendre à se coucher plus tôt afin d'avoir sept à huit heures de sommeil en moyenne par nuit. D'autant plus que le sommeil du matin, lors des grasses matinées du week-end, est moins réparateur. On supprimera la télévision dans la chambre, les prises d'excitants après 17 heures, les bains chauds et le sport avant l'heure du coucher. On assurera l'insonorisation et l'opacité de sa chambre. On supprimera les tranquillisants consommés sans avis médical, en diminuant les doses progressivement. Son alimentation doit avoir son ratio en vitamines et en sels minéraux. On respectera le rythme de deux jours de repos dans la semaine. On s'accordera un loisir qu'on affectionne au minimum une fois par semaine comme une priorité et non comme une activité superflue reléguée après toutes les tâches professionnelles et domestiques.

On sait que l'activité physique régulière est un puissant déstressant grâce à la sécrétion d'endorphine qu'elle provoque et à son action sur le système cardiovasculaire (baisse de la pression artérielle à long terme notamment). On peut également agir par des techniques relaxantes qui apaisent et soulagent l'organisme, mais aussi qui aident à prendre le pouvoir sur son corps afin de mieux gérer ses réactions (voir p. 155).

Si les relations humaines sont source de stress, on pourra renforcer son moral en agissant sur la confiance en soi et l'affirmation de soi.

Gérer son temps

Un facteur de stress commun à un grand nombre de personnes est la complexité de la gestion du temps. « Je n'ai pas le temps » est devenu un véritable leitmotiv qui ne concerne pas seulement, loin s'en faut, les hommes d'affaires. Cette difficulté à s'organiser occasionne des kilos émotionnels en lien avec le stress accumulé. Mais elle influence aussi directement le comportement alimentaire qui voit son cadre temporel perturbé. L'accélération de notre rythme de vie pousse de plus en plus de personnes à manger souvent sur le pouce, à la va-vite, sans pouvoir prendre de véritable repas. On pourrait croire que ces petites portions, sandwichs, plats pour micro-ondes ou autres fast-food, maintiendraient un poids stable. On sait aujourd'hui qu'au contraire ils augmentent l'apport de calories : il ne s'agit pas toujours de « petites » portions, elles sont souvent riches en glucides ou en graisses, elles ne comblent la faim que momentanément et sont avalées sans plaisir. À l'inverse, prendre son temps pour manger des repas équilibrés limite à long terme les prises de poids.

Apprendre à gérer son temps est donc indispensable pour limiter son stress, mais aussi pour que manger ne se résume pas à consommer des produits alimentaires.

Pour commencer, qu'il soit de papier ou électronique, il vous faut un agenda. Je ne parle pas seulement d'un agenda professionnel, mais d'un *agenda de vie*, sur lequel on trouvera le temps de travail mais aussi le reste de vos activités dont certaines, comme le sommeil, les repas et un temps minimum d'activités physiques, se doivent d'être incompressibles. Notez chaque jour, heure par heure, sur deux semaines, tout ce que vous faites, afin d'avoir une vision précise de toutes vos tâches quotidiennes et du prorata temporel de chaque domaine (travail, sommeil, loisirs personnels, vie de famille, corvées du quotidien...). Relevez ensuite en tenant compte uniquement des temps inamovibles, ce qui apparaît absolument indispensable. Au travail, par exemple, il y a un temps de réunion où votre présence est absolument obligatoire, mais d'autres où vous pouvez vous excuser, voire, en négociant, remettre en question votre participation. Sans pointer, obligez-vous à ne pas rester inutilement trop longtemps au travail, surtout à des heures où plus personne n'est là pour constater votre présence et votre zèle – cette notion de visibilité est importante car, au-delà du travail réellement effectué, on est jugé aussi sur notre présence. Par exemple, partez en vacances en même temps que tout le monde, sinon on aura l'impression toute subjective de ne jamais vous voir.

L'élagage vient dans un deuxième temps. En comparant les deux emplois du temps, on repère ce que l'on peut éliminer ou réduire (en espaçant par exemple notre participation à telle réunion une semaine sur deux, en déléguant telle tâche domestique à son fils aîné). Supprimer ou alléger certaines tâches, surtout si on les a en charge depuis longtemps, est la partie la plus difficile du travail. Commencez par ce qui semble le plus aisé. On usera de la négociation, du compromis mais aussi de la fermeté parfois ; en tout cas, cela passera par l'affirmation de soi dans l'expression de demandes ou la formulation de refus nouveaux.

Faire appel à ses personnes ressources

On a vu que quantité de sources de stress sont communes à tout le monde, mais que chacun a ses propres sources de stress. De même avec les mécanismes de défenses au stress : s'il y en a de communs, que l'on vient de voir notamment pour ce qui est des stress relationnels (qui opèrent tant au travail, à la maison que dans la rue), chacun détient ses propres stratégies, plus ou moins efficaces, afin de se protéger ou récupérer. Il sera question pour vous de les repérer et de les développer si possible.

Certaines personnes peuvent jouer un grand rôle : les *personnes ressources*. Ce sont des membres de notre entourage qui nous font du bien. Elles se montrent apaisantes, nous aident à trouver du réconfort et des solutions aux problèmes du quotidien. Et elles ne sont pas sources de stress. Ce ne sont pas toujours des proches, mais des voisins, des parents éloignés, des collègues, des professionnels (son médecin), etc. Il s'agit de les repérer, parmi l'ensemble des personnes qui nous entourent, et de favoriser les moments avec elles, en réduisant de fait les temps passés avec les personnes néfastes, délétères, stressantes. Il importe aussi de préserver le lien avec elles, voire de le renforcer, en leur offrant autant que faire se peut du positif en retour de l'aide qu'elles vous apportent (ne serait-ce que par la reconnaissance). Car, paradoxalement, ce ne sont pas les individus qui nous font le plus de bien que l'on fréquente le plus. Ce ne sont d'ailleurs pas non plus ceux que l'on choisit comme conjoint... Prisonniers de schémas de comportements, des répétitions de relations passées, pour ne pas parler parfois de conduites presque masochistes, nous sommes parfois enfermés dans des filets relationnels qui nous enserrent et qui grèvent notre épanouissement.

Améliorer la communication avec soi-même

Les difficultés relationnelles sont une source majeure de stress, notamment quand elles nous confrontent à l'agressivité ou à la manipulation d'autrui. Elles peuvent s'atténuer par une amélioration de nos capacités de communication (voir les techniques d'affirmation de soi au chapitre X).

Mais quelle que soit la pression de l'environnement, le stress résulte aussi d'une mauvaise communication avec soi-même. Face à une situation impliquant plusieurs personnes, chacune va la vivre différemment car va réagir émotionnellement de façon singulière, en fonction de sa propre analyse et de ses propres réactions émotionnelles.

Nous sommes inégaux dans notre façon d'interpréter, de jauger, de juger les faits, les relations et les situations qui adviennent et d'y réagir. Apprendre à contrôler ses propres pensées aide à gérer le stress qui naît de ces représentations mentales stressantes. Il faut pour cela analyser la ou les pensées qui accompagnent chaque situation stressante. Comme on l'a fait en repérant chaque émotion qui précède une envie de manger, il s'agit, face à une situation jugée stressante, de noter son ressenti et ses pensées. Connaître les mécanismes de pensée potentiellement stressants permettra de les déjouer quand ils surviennent. Voici les principaux :

– La *personnalisation* est une tournure de pensée par laquelle on s'attribue systématiquement la responsabilité des problèmes présents ou passés. On croit par exemple que le rire entendu en passant au milieu de la foule est un rire moqueur qui nous est destiné. Ce mode de pensée révèle un sentiment de culpabilité soutenu et une forme d'égocentrisme, puisque l'on se croit à l'origine de tous les faits négatifs.

– La *maximalisation* attribue une importance démesurée à certains faits et en fait une source de stress ; tandis que la *minimisation* déprécie les événements positifs. Par exemple, quand son chef lui rend son évaluation annuelle, Nathalie ne retient que l'unique critique pourtant isolée au sein de plusieurs compliments dont elle ne fait que peu de cas.

– La *généralisation excessive* est un trouble du raisonnement qui bâtit à partir d'un événement isolé une règle générale. Par exemple, si je craque pour cette glace, c'est que je suis incapable de tenir un régime.

– L'*abstraction sélective* pousse à ne retenir qu'une partie d'une situation globale pour en tirer une conclusion.

– L'*inférence arbitraire* est un défaut d'analyse ou de synthèse qui aboutit à tirer une conclusion illogique ou irrationnelle d'une situation. On demande à Hélène, comme à d'autres de ses collègues, d'augmenter son niveau de rentabilité ; elle en tire la conclusion que ses supérieurs veulent se débarrasser d'elle parce qu'elle est obèse.

– Le *clivage* analyse toute situation sur un mode binaire, en termes de contraires ou de « tout ou rien ». Par exemple, si telle personne n'est pas totalement avec moi, c'est qu'elle est contre moi.

Prendre du recul sur ses pensées

Avoir du recul sur ses modes de pensée consiste à adopter sur soi un regard à distance et observer ses réactions mentales comme s'il s'agissait des réactions d'un autre. L'analyse qui en découle est plus objective, en tout cas permet de contrer le mécanisme de personnalisation. Peu à peu, pensée par pensée, on repérera celle où l'on ne voit que la bouteille à moitié vide plutôt qu'à moitié pleine, que tout n'est pas noir ou blanc, qu'on n'est pas le centre du monde, qu'on ne tire pas de conclusion sur une partie des choses, que le détail ne résume pas l'ensemble, et qu'il existe souvent différents points possibles à explorer.

Plutôt que ruminer une pensée stressante, c'est-à-dire la « remâcher » sans avancer ni aboutir, il vaut mieux analyser en escalier vos conclusions : à chaque palier, on analysera les différentes entrées possibles. Par exemple, si l'on rit derrière vous, vous avez tendance à penser qu'on se moque de vous. Mais pourquoi de vous et pas des autres ? Quelle preuve avez-vous que c'est un rire moqueur ? Comment pouvez-vous affirmer qu'il vous est destiné ? De quoi se moquerait-on chez vous ? Êtes-vous le seul dans la foule à être ainsi ? Si c'était le cas, devez-vous pour autant vous en vouloir ou vous en chagriner ? Que représentent ces individus pour vous ? Est-ce si grave ? L'image que vous avez de vous doit-elle dépendre de ces inconnus ?

Il y a en chacun de nous des croyances, imprimées souvent depuis la petite enfance, dans lesquelles s'enracinent les pensées stressantes. Il convient de creuser en vous, de les déceler et de les déterrer afin de vous en départir ou du moins d'être moins téléguidé par celles-ci : l'idée qu'il y a des choses qu'on ne peut pas changer et qui sont « écrites », induit l'idée, par exemple qu'on est destiné à rester gros toute sa vie ; ou en lien avec une forme excessive de perfectionnisme, qui consisterait à penser qu'une vie réussie est une vie sans erreur.

Pour modifier ses modes de pensée, il faut du temps. Et si ceux-ci sont trop ancrés pour qu'un travail personnel soit suffisant, l'aide d'un psychologue ou d'un psychiatre est la bienvenue.

Se relaxer

Si on peut agir sur ses pensées, les modifier, il est aussi possible de faire le vide dans sa tête afin de libérer son corps. C'est le principe de la relaxation qui a pour objectif de décharger l'organisme des conséquences du stress en l'isolant. Pour illustrer ce principe d'action, notez que si le stress se résumait à du bruit, la relaxation ne le ferait pas disparaître, mais elle poserait provisoirement des doubles vitrages.

Le cerveau est en lien permanent avec le corps et en fait le porte-parole de ce qu'il analyse. Ainsi, quand le cerveau, par l'intermédiaire des sens repère une menace, l'amygdale, zone cérébrale où siège le commandement des émotions, s'active et l'on ressent une peur. Des messages sont envoyés via le système nerveux (moelle épinière, système sympathique), déclenchant une augmentation de la fréquence cardiaque et respiratoire, et une contraction des muscles. Quand la menace disparaît, l'amygdale se désactive et des messages empruntant cette fois la voie parasympathique entraînent un apaisement corporel.

La relaxation est une méthode vieille comme le monde et qui a fait ses preuves pour se débarrasser des nœuds de notre esprit, et donc, pour ce qui nous intéresse, de freiner la fabrication de kilos émotionnels. Chaque culture, chaque époque possède sa méthode (méditation bouddhiste, transcendantale, yoga, lévitation). Le but de ces différentes techniques est de suspendre l'irruption de pensées qui entretiennent le stress et d'enclencher le processus de détente physiologique de l'organisme. Cette détente n'est pas uniquement subjective puisqu'on observe alors une baisse de la fréquence cardiaque, une diminution de la fréquence respiratoire, un abaissement du taux de cortisol et un relâchement musculaire.

Apprendre à respirer

La première étape consiste à prendre conscience de sa respiration, ce que l'on fait habituellement sans vraiment y penser. La respiration est un média émotionnel. Ainsi, quand on rit on expire, et on inspire quand on pleure. C'est un médiateur entre le corps et l'esprit.

Il s'agit aussi d'apprendre à respirer car habituellement on expire insuffisamment. La natation est un bon préalable à cette prise de conscience. La marche également, pour peu qu'on fasse quelques exercices dans le mêmc temps, comme celui qui consiste à respirer et à marcher en rythme (par exemple, une expiration tous les trois pas). Dans la gymnastique, on apprend à inspirer sans contracter le haut de son corps et à expirer en relâchant ses omoplates et se concentrant sur le diaphragme. La pratique du chant est aussi un excellent moyen pour maîtriser tous les flux d'air à l'intérieur de soi. Faire du yoga est une autre bonne façon d'être attentif aux différents muscles responsables de la respiration et d'apprendre à la contrôler. D'autres méthodes voisines existent comme le qi gong, gymnastique chinoise ancestrale axée sur la posture et la respiration.

Autre préalable utile avant d'entrer dans les techniques de relaxation et complémentaire du travail respiratoire, le massage. Différents types de massage sont proposés (le palper roulé, le massage aux huiles essentielles, thaïlandais ou californien, aux pierres). Leur intérêt commun, grâce au toucher du masseur, réside dans la prise de conscience de son enveloppe corporelle, de ses zones de sensibilité, mais aussi la découverte des zones du corps que l'on néglige et que l'on oublie car elles font d'ordinaire peu « parler » d'elles (car elles sont peu sensibles, peu stimulées).

Citons également la réflexologie, pratique aux racines millénaires, qui repose sur la théorie qu'à chaque zone réflexe du pied correspond une grande fonction du corps humain (digestion, respiration) ; en massant telle zone du pied, on va ainsi stimuler une fonction particulière.

Différentes techniques de relaxation

C'est une pratique régulière de la relaxation qui permet d'obtenir des résultats de plus en plus accomplis. Chaque séance dure en moyenne de quinze à vingt minutes.

La *respiration rythmique* consiste à ralentir sa respiration et à la rendre plus ample et plus profonde. On se concentre sur chaque inspiration et expiration tout en comptant jusqu'à 5 pour s'assurer de la durée et de la régularité des cycles. Un quart d'heure au quotidien peut suffire.

La *relaxation autogène* implique de s'isoler de tout bruit et de toute luminosité externe avant de respirer dans un premier temps profondément tout en visualisant l'ensemble de son anatomie. On va alors se concentrer sur les muscles de son corps. On se représente mentalement ses groupes musculaires, on les imagine très lourds puis, dans un second temps, on va les détendre progressivement. Entre ces différentes représentations, on imagine l'air qui entre et sort de nos poumons. En cas de survenue de bruits extérieurs, on les imagine traversant son corps comme s'il était poreux ou constitué de matière céleste. On termine l'exercice en imaginant une chaleur au niveau du plexus solaire qui diffusera ensuite dans l'ensemble de l'organisme.

La *relaxation progressive* concerne également les muscles que l'on va individualiser mentalement, à tour de rôle, en les contractant puis en les relâchant. C'est une façon de prendre possession mentalement des différents points de tension de son corps. Pour chaque groupe, on répétera deux fois les contractions, tout en expirant profondément lors de la décontraction. On débute par les pieds, pour gagner successivement les chevilles, les mollets, les cuisses, les fesses, l'abdomen (contracter les abdominaux, rentrer le ventre), le dos (tendre les omoplates en arrière), les épaules (que l'on rentre dans le cou), le cou (en baissant le menton), la mâchoire, le front, et pour finir les paupières.

Les techniques de méditation invitent à se concentrer profondément sur un objet, un son, une musique, une image afin de vider son esprit des autres pensées. La *technique d'imagerie mentale* consiste à contempler en imagination des scènes, vécues ou inventées, particulièrement apaisantes.

Le principe commun de ces différentes techniques consiste à lâcher prise avec la réalité de son corps et ses contraintes pour laisser circuler son esprit et évoluer mentalement au sein de visualisations diverses. Une fois que l'on est allongé et passif, peu à peu le sentiment de pesanteur s'atténue en nous. La perception des limites externes de son corps est de moins en moins nette. L'objectif est de parvenir à se déconnecter de cette masse corporelle, à s'échapper de son corps, à se dématérialiser, à n'être qu'un pur esprit.

Beaucoup de religions intègrent cette idée d'une entité « décorporée » qu'on la nomme « âme » ou « esprit ». Quelle que soit la méthode choisie pour se relaxer, elle donne la possibilité d'approcher, d'apercevoir, si ce n'est de capter pour les personnes les plus performantes dans le domaine, l'image inconsciente de son corps et, pour les plus accomplis, d'avoir prise sur elle.

Les maîtres dans la pratique de la relaxation savent contrôler leurs fonctions physiologiques : ralentir leur rythme cardiaque, leurs dépenses énergétiques, régir le péristaltisme intestinal [1], bref maîtriser le système nerveux végétatif qui commande les organes mous (normalement on ne commande consciemment que les muscles striés, dits « moteurs »).

À faire chez soi

Nous serons plus modestes en insistant, parmi les techniques de relaxation, sur la visualisation. Isolez-vous dans une pièce silencieuse en prenant soin de couper toutes les sources possibles de dérangement (le téléphone notamment). Allongez-vous sur un matelas ou dans une baignoire d'eau chaude dans une semi-obscurité. Et laissez votre esprit vagabonder comme si vous étiez dans un bus ou un train et que vous regardiez le paysage.

Si cela ne vient pas spontanément, passez d'emblée à la deuxième étape qui consiste à retrouver des souvenirs d'enfance et à vous auto-observer, par exemple courant dans les champs ou rêvassant en salle de classe. Représentez-vous ensuite tel que vous êtes aujourd'hui dans toutes les situations de votre vie, du matin au soir. Essayez de faire

1. Les contractions de l'intestin qui font progresser les aliments.

défiler sous vos yeux, sur un écran imaginaire, toutes les scènes de la journée, comme si vous étiez filmé par une caméra de téléréalité. Contemplez-vous dans un premier temps sans commentaire, ni arrêt sur image, afin de voir la totalité de la journée type. Puis revenez au début, et commentez votre attitude dans chacune des scènes, comme s'il s'agissait de quelqu'un d'autre, en n'hésitant pas à faire des gros plans sur certaines situations.

Il s'agit de prendre visuellement du recul sur soi-même. Imaginez alors, pour chaque situation, l'attitude que vous aimeriez avoir pour répondre à vos véritables besoins et envies. Par exemple, quand votre supérieur vous a fait un reproche, plutôt que vous consoler par une barre chocolatée, imaginez-vous en train de réfléchir au bien-fondé de ces reproches, de lui faire part de vos justifications, de reconnaître vos torts ou au contraire de défendre votre point de vue et, pourquoi pas, de réagir émotionnellement en pleurant ou en criant. Après l'avoir fait à plusieurs reprises, passez à des journées particulières en analysant les propos, les réponses, les choix, les faits pour les comparer à ce qu'ils auraient pu être si vous aviez été vraiment à l'écoute de vous-même.

Traitement du stress par la cohérence cardiaque

Parmi les techniques toutes récentes pour combattre le stress, l'une nous vient tout droit d'outre-Atlantique mais semble largement s'inspirer des techniques séculaires de relaxation : c'est le traitement par la cohérence cardiaque.

Cette méthode américaine a été utilisée initialement en cardiologie afin de limiter l'impact du stress sur l'évolution des maladies cardio-vasculaires. Le stress a un impact sur la fréquence et le rythme cardiaques et cette méthode, en agissant sur ces derniers éléments, permet de garder le contrôle en résistant à l'emprise du stress.

Le stress, on l'a vu, trouve son origine dans l'accumulation de frustrations répétées, d'attentes insatisfaites et dans le hiatus entre un événement perçu comme neutre par d'autres et la perception que l'on en a soi-même. Ce décalage induit une incohérence physiologique en se référant à l'historique émotionnel, ce qui fait qu'à chacune de ces situations, on réagit par une cascade émotionnelle spécifique et des comportements stéréotypés. La méthode de la cohérence cardiaque a pour objectif de sortir de cette réaction en chaîne qui nous enferme.

Le cœur est envisagé, selon cette méthode, comme un cerveau émotionnel à soi seul. C'est un organe qui s'anime. Il induit des mouvements émotionnels par les systèmes nerveux sympathique et parasympathique. Il agit aussi via la sécrétion d'hormones telles que l'ocytocine et l'ANF[1] qui agissent sur l'équilibre émotionnel.

Le système nerveux dit « sympathique » et le système nerveux dit « parasympathique » sont deux systèmes nerveux autonomes. C'est-à-dire qu'ils ne sont pas sous le contrôle de la volonté consciente du cerveau, mais en lien avec le système limbique du cerveau, la zone émotionnelle. Ils exercent également un contrôle et un rétrocontrôle du système végétatif, soit l'ensemble des organes (mouvements de l'intestin, sécrétion des différents organes...) assurant notre équilibre physiologique.

Le système nerveux sympathique élève la fréquence cardiaque, la tension artérielle, contracte les vaisseaux, dilate

1. Hormone peptidique nommé « facteur natriurique atrial ».

les pupilles, dilate les bronches, stimule les hormones de combat (cortisol).

Le système nerveux parasympathıque, à l'inverse, ralentit le cœur, apaise, économise l'organisme, qu'il met au repos.

La méthode dite « de cohérence cardiaque » s'appuie sur la variabilité du rythme cardiaque, mesurant l'instant entre deux battements. Ce rythme peut s'avérer chaotique ou aléatoire, sous l'effet de la colère par exemple ou de l'anxiété. À l'inverse, il est cohérent, ordonné, lorsqu'on ressent des émotions positives, du bien-être, de la sérénité, de la compassion, de la reconnaissance, de l'affection, de l'amour partagé. Notre état émotionnel et la variabilité de notre rythme cardiaque sont donc en interaction. Parvenir à contrôler sa cohérence cardiaque est un des moyens pour gérer son stress. Il s'agit de rééquilibrer les relations entre le cerveau émotionnel et cognitif avec le cœur afin de limiter l'impact du stress.

Cette méthode peut se résumer en quatre étapes :

– La première consiste à repérer en soi les signes de stress : irritabilité, agitation, tics, ongles rongés, ruminations verbales, compulsion alimentaire.

– La deuxième est axée sur le cœur : on focalise son attention sur cet organe, en se le représentant visuellement, en posant sa main dessus si besoin.

– La troisième étape consiste à maintenir son attention sur le cœur et à contrôler sa fréquence en pensée. Imaginez par exemple qu'il se gonfle comme les poumons quand vous inspirez et qu'il se dégonfle quand vous expirez.

Résumons en pratique ces trois premières étapes : on s'assied droit sur un tabouret ou une chaise, les jambes non croisées, une main sur le cœur, l'autre sur le ventre, les yeux fermés. On inspire par le ventre durant cinq secondes puis on expire aussi lentement tout en imaginant que l'air entre dans le cœur. Ce qui fait un total de six respirations par minute.

– La dernière étape consiste à se remémorer un très bon souvenir, susceptible de mettre le cœur en joie, et de le garder en mémoire, de le savourer afin de faire durer l'effet.

On fera cela pendant neuf minutes en moyenne par jour, mais idéalement en trois étapes de trois minutes chaque fois, espacées dans la journée. Cela permet de limiter l'impact du stress sur le cœur, de le réguler, de conserver une cohérence cardiaque et, en conséquence, d'augmenter la tolérance émotionnelle générale.

Il existe des logiciels qui permettent de s'entraîner. Des capteurs reliés à l'index recueillent des données biométriques (la fréquence cardiaque) traduits en graphiques qui permettent de suivre les variations en fonction des pensées et des émotions que l'on tentera de contrôler.

Qui dort dîne… sans grossir

Dormir suffisamment et d'un sommeil de bonne qualité est primordial pour obtenir un équilibre affectif et limiter ainsi les prises de kilos émotionnels. Le manque de sommeil favorise les troubles anxieux ou dépressifs, l'irritabilité, l'impulsivité et la fragilité au stress (en perturbant notamment la sécrétion de cortisol).

Une carence en sommeil risque en outre de déséquilibrer directement le comportement alimentaire en perturbant la sécrétion des hormones qui régulent l'appétit : la leptine et la ghréline. La leptine, qui fait disparaître la sensation de faim, est sécrétée surtout la nuit. En revanche, la ghréline, qui ouvre l'appétit, est surtout sécrétée en état de veille. Ainsi, en cas de manque de sommeil, la sécrétion de cette dernière sera plus importante que celle de la leptine et on aura donc plus d'appétit, notamment pour les aliments sucrés. Cela s'explique logiquement par le fait que l'organisme cherche probablement à compenser le manque d'énergie lié au manque de sommeil par un apport calorique supplémentaire. Ainsi le proverbe « Qui dort dîne » dit vrai : un sommeil suffisant permet d'avoir moins faim, comme si on était rassasié par un bon dîner mais sans prise de poids.

Comme on fait son lit on se couche

L'aménagement de sa chambre est la première étape. On s'assurera qu'elle bénéficie d'un bon isolement sensoriel ; ainsi des fenêtres en double vitrage pour se protéger des bruits externes peuvent s'avérer nécessaires par exemple. L'isolement de la lumière est aussi important et il peut être utile d'investir dans des doubles rideaux ou des stores. N'hésitez pas aussi à utiliser les masques pour les yeux et des bouchons pour les oreilles. Une bonne température, idéalement 20 °C est capitale ; pensez isolation thermique ou climatisation à eau.

L'aménagement de la chambre proposera un espace qui correspond à ses besoins : certains dorment mieux dans le cocon d'une chambre étroite chargée de mobilier ou de bibelots, quand d'autres réclament un grand espace vide. Le choix de la décoration joue un rôle. Ainsi, il est des couleurs connues pour être plus apaisantes comme le bleu, le blanc ou le mauve. Mais la symbolique des couleurs a des codes de lecture personnels en fonction de son vécu. Plus anecdotique, sauf pour ceux dont l'odorat est un sens fondamental, l'usage de diffuseur de parfum en préférant les fragances naturelles. Plus essentiel, on veillera à changer de literie si son matelas est trop ancien (plus de dix ans) ou trop inconfortable (trop dur, trop mou). On pourra aussi penser au feng shui qui propose un aménagement particulier de l'habitat, notamment l'orientation du lit, afin d'influer sur le mental et en particulier améliorer le sommeil.

Hygiène de vie et rituels

On se sèvrera très progressivement des hypnotiques que l'on prend sans avis médical quitte à les remplacer dans un premier temps par des tisanes (tilleul, fleur d'oranger, valériane, aubépine) car, tout efficaces qu'ils soient, ils ne donnent pas un sommeil aussi réparateur que le sommeil naturel et surtout l'ensemble des cycles ne sont pas respectés. Enfin, ils provoquent souvent un état de dépendance.

Des problèmes médicaux sont responsables d'une altération non perceptible de la qualité du sommeil. C'est le cas des sinusites chroniques ou surtout des apnées du sommeil avec pause respiratoire qui provoquent des micro-réveils. Elles sont plus fréquentes chez les personnes en surpoids. En dehors de l'amaigrissement, il existe comme traitements la pose d'un appareil la nuit sur le visage, ou bien une intervention chirurgicale sur la luette, située au fond du palais.

Avant de vous coucher, accordez-vous au moins une heure de détente, durant laquelle vous ne travaillez ni pour la maison ni pour votre profession. Remettez tout au lendemain. Consacrez ce temps à des activités aisées et agréables. C'est l'occasion de proposer à votre partenaire de vie un câlin, car l'activité sexuelle est un puissant relaxant. Évitez en revanche les prises d'alcool, qui détendent dans un premier temps, mais favorisent des réveils nocturnes et grèvent la qualité du sommeil. De même, un bain chaud n'est pas indiqué (préférez paradoxalement une douche fraîche) car il a tendance à réveiller après l'apaisement initial. Bien sûr, on supprimera les prises d'excitants après 17 heures, que ce soit thé, café ou Ricoré. On veillera à ne pas manger trop lourd peu avant le coucher.

Certains ont besoin, comme les enfants, d'une sorte de rituel du coucher qui inclut par exemple un brossage de dents, l'application d'une crème de nuit, le tour du propriétaire pour vérifier que les portes sont bien fermées, quelques gouttes de parfum, quelques pages d'un bon livre ou une musique particulière. Cette ritualisation prépare le psychisme à l'arrêt des activités de veille et à l'activation du processus d'ensommeillement.

Il est par ailleurs préférable de ne pas trop utiliser le lit pour autre chose que pour dormir. On évitera d'y travailler et d'y manger afin qu'il soit directement associé dans notre esprit au sommeil ou bien à la bagatelle.

On supprimera la télévision dans la chambre car elle pousse à veiller tard : les images de télé sont un mauvais somnifère même si on finit par s'endormir de fatigue devant. En effet, elles sont généralement stimulantes et certains programmes favorisent des états de stress nocturnes par cauchemars interposés. Sans compter que la télé dans la chambre conjugale est un tue-l'amour et que l'amour, encore une fois, est le meilleur des somnifères.

Si vous ne pouvez pas vous passer d'images pour dormir, privilégiez une émission en particulier. Plutôt que zapper sans fin, faites le choix d'un programme précis, de préférence enregistré, et notamment une fiction plutôt que des infos qui stimulent l'éveil et peuvent être angoissantes.

Changer de regard sur le sommeil

Considérez que, pendant le sommeil, vous n'êtes en rien inactif. Durant la nuit, vos méninges mettent de l'ordre dans vos pensées. C'est un travail de classification, de tri, de mémorisation, mais aussi de traitement des émotions de la journée. C'est aussi le temps des diverses sécrétions qui assurent les réparations corporelles de toutes sortes. Un bon équilibre émotionnel, une humeur régulée, des mécanismes de réponse aux stress de la journée se mettent en place durant notre sommeil. Le processus d'endormissement et le maintien du sommeil ne consistent pas seulement à mettre en veilleuse notre état de conscience, mais à activer des mécanismes gérés par la substance réticulée, localisée au niveau du tronc cérébral (la partie postérieure et inférieure du cerveau).

Au-delà des différentes techniques proposées, il importe de changer son regard global sur le sommeil. Trop fréquemment aujourd'hui, le sommeil est vécu comme une perte de temps. Il apparaît contraignant à l'heure de l'hyperactivité en tous domaines, à l'image des punitions données à l'enfant que l'on prive de télé et qui doit aller au lit avant l'heure. Il est temps de redécouvrir le plaisir du coucher et celui de plonger dans son monde intérieur, celui des rêves.

8

Comment éviter que nos émotions nous fassent manger

Une émotion est un phénomène bref qui se passe essentiellement dans le corps et qui secondairement agite les pensées. Les trois émotions négatives principales sont la tristesse, la peur et la colère. Le sentiment est l'étiquetage par le cerveau de l'émotion. Par exemple : « J'ai un sentiment de colère. » Souvent, le sentiment qualifie : sentiment d'abandon, d'incompréhension… Le sentiment est une pensée. Le ressenti est un terme plus vague qui peut désigner en même temps l'émotion, les phénomènes physiques associés à l'émotion, ou le sentiment.

L'inégalité des hommes et des femmes dans leur rapport aux émotions est largement mise en avant. On devrait selon moi la relativiser, d'autant que cette différence varie d'une culture à une autre. Que ces différences soient liées à des raisons éducatives (garçons et filles sont élevés différemment), culturelles, hormonales ou génétiques, cela impliquerait qu'il existe des différences entre les deux sexes en ce qui concerne les kilos émotionnels. Sont-ils davantage présents chez les femmes ? Aucune étude jusqu'à présent ne le prouve. Ce que l'on peut affirmer, c'est que leurs modes d'acquisition diffèrent. Ainsi, certains troubles du comportement alimentaire sont plus spécifiquement féminins comme la boulimie. Ce qui est couramment rapporté mais auquel j'adhère peu, c'est que les femmes exprimeraient davantage leurs émotions, mais sauraient moins les contrôler.

Nous allons passer en revue quelques émotions fondamentales pour étudier leur impact sur le poids et la manière de les gouverner, sans établir de différences entre les sexes.

La peur

La peur est une émotion ressentie généralement à l'occasion d'un danger physique, affectif ou moral, présent ou à venir, sûrement ou potentiellement. Il peut s'agir d'un danger imaginaire comme dans les phobies diverses. On sait aujourd'hui où est située dans le cerveau la zone qui active la peur et qui inclut les amygdales – non pas celles qu'on nous enlève volontiers dans le palais, mais un ensemble de noyaux localisés dans les lobes temporaux du cerveau.

Il existe des facteurs susceptibles de provoquer des peurs à tout le monde et qui sont probablement inscrits génétiquement, tels que la peur de l'inconnu qui existe chez tous les mammifères. La peur est associée, comme les autres émotions, à des expressions faciales reconnaissables. On peut avoir peur pour soi ou par empathie, à l'instar d'autres émotions, pour autrui. Peuvent susciter la peur des êtres vivants, des objets, des pensées volontaires ou involontaires (rêves), des concepts (la mort ou encore la peur d'avoir peur : phobophobie), des situations, des ambiances, et tout ce qui peut être capté sensoriellement.

L'absence permanente de peur est une pathologie car elle peut s'avérer dangereuse pour soi-même. En effet, la peur est utile. C'est un facteur de protection quand elle invite à la prudence et à la modération en toute chose, y compris sur le plan des comportements alimentaires. Mais trop intense et permanente, elle pousse au repli sur soi, à l'isolement et donc éventuellement à la prise de poids. Elle ne doit pas être un obstacle à l'ouverture aux autres, aux expériences nouvelles, à la curiosité, et à la créativité. Si c'est le cas, il faut agir dessus ainsi que sur soi pour la réduire.

Le manque d'assurance favorise les moments de peur puisqu'on ne se croit pas apte à faire face aux divers dangers. Mais une trop grande estime de soi, chez ceux qui ont la pensée occupée seulement par eux-mêmes, est aussi un facteur de risque. En effet, les « paranos » ou les « mégalos » s'imaginent être la cible de toutes les menaces du monde. Un fond permanent de peur ou des accès de peur répétés favorisent la fabrication de kilos émotionnels. Car la prise alimentaire (à laquelle s'associe éventuellement la prise d'alcool, utilisée depuis la nuit des temps comme anxiolytique) est un moyen pour apaiser l'angoisse, qui est le ressenti physique de la peur. Quant au repli sur soi, on l'a vu, lui aussi génère un repli sur la nourriture.

Comment la peur agit sur le poids

Parmi les peurs, celle de grossir devrait théoriquement faire perdre des kilos. Or, comme toute peur, elle peut induire des kilos émotionnels ainsi que des comportements alimentaires inadaptés, car la peur n'est pas meilleure conseillère que la colère.

Il est des peurs qui interviennent directement sur le comportement alimentaire en poussant à s'alimenter en excès ou, du moins, à ne pas perdre de poids. Il s'agit de peurs associées à des pensées erronées, ancrées dans le psychisme. Voici quelques exemples : la peur d'être séduisante en mincissant associée à la crainte de rivaliser par exemple avec une sœur ou à la crainte d'une rencontre amoureuse et sexuelle ; la peur d'un amaigrissement qui déclencherait un mauvais état de santé en écho avec les angoisses de sa mère nourricière ; la peur de faire des malaises ou d'avoir faim si on ne mange pas assez ; enfin, à l'extrême, la peur de mourir de faim.

Comment lutter contre un excès de peur

Quelle conduite à tenir ? Il s'agit de repérer les facteurs susceptibles de produire la peur, et de les éviter ou d'apprendre à y faire face. Il convient parfois de modifier son mode de vie (déménager, s'éloigner de son entourage, divorcer, changer d'emploi…) afin de limiter l'influence de ces facteurs.

La peur est parfois salutaire sur le poids, quand elle donne des ailes et pousse à expérimenter, à entreprendre, à aller vers les autres pour rechercher une forme de protection qui est l'exact contraire du repli sur soi.

La meilleure façon de se débarrasser de la peur est d'y faire face. Si elle vous menace, confrontez-vous mentalement à elle. Pour éviter d'avoir peur de rester seul par exemple, acceptez-en l'idée : apprenez à vivre seul. Imaginez votre emploi du temps, vos loisirs, vos nouvelles priorités. Vous serez étonné de constater que la vie peut toujours avoir un sens, que vous ne courez pas un si grand danger et qu'il ne sera alors plus utile de créer une présence en mangeant pour deux. D'ailleurs, ne vous êtes-vous pas déjà senti très seul alors que vous étiez entouré ?

« Quand mon mari est mort, nous confie Olivia, j'ai cru que je n'arriverais pas à faire face. Je l'avais connu jeune, j'élevais les enfants, mais je n'avais pratiquement jamais travaillé. Grâce à une amie, j'ai trouvé un poste dans une maison d'édition, où j'ai révélé des qualités et un savoir-faire que je ne supposais pas. »

« Quand j'étais mariée, nous livre Séverine, je me cachais derrière mon mari. En société, c'est lui qui monopolisait la parole. Je passais pour quelqu'un de sans intérêt. Après notre séparation, je n'avais plus personne pour me cacher, alors j'ai bien dû m'exposer et j'ai été surprise de constater que je pouvais capter l'attention des gens. En retour, les personnes de mon entourage m'ont considérée autrement – certaines m'ont même dit qu'elles ne m'imaginaient pas si intéressante. »

Des thérapies existent en cas de peur chronique. Ainsi, les thérapies comportementales proposent des expositions progressives dans le traitement des phobies afin de créer une habituation et un déconditionnement de la peur. Par exemple, en cas de peur des chiens, le médecin va inviter le patient à imaginer la présence de l'animal et, par paliers, l'habituer à le voir en photo, en réalité mais à distance, puis en s'approchant de plus en plus près. À cela s'ajoutera l'apprentissage de techniques propres à juguler les manifestations d'anxiété en général. Les thérapies psychanalytiques, quant à elles, s'attaquent aux origines de cette peur et au sens caché qu'elle a dans l'histoire de la personne pour mieux la déloger.

La tristesse

Pièce maîtresse de la dépression, la tristesse est parfois inapparente dans les dépressions masquées (par exemple celle qui s'exprime uniquement par des troubles psychosomatiques tels que des prises de poids). Mais elle existe aussi isolément de la dépression. La tristesse est une émotion simple, transitoire, ou qui s'installe dans la durée. Elle témoigne d'un manque ou d'une perte, qu'elle soit réelle, imaginaire ou symbolique. On peut avoir perdu un ami, un animal, un travail, une illusion, un idéal, ou simplement provisoirement son énergie. La fatigue physique et morale, le manque de sommeil sont des facteurs favorisant la tristesse. Il y a alors une baisse des capacités de bien-être car la tristesse pousse au repli et au repos nécessaire en cas de fatigue justement.

On peut aussi bien sûr être triste sans savoir pourquoi, ressentir un manque affectif sans plus de précisions que cela. Il importe alors de creuser au fond de sa tristesse et d'y trouver les causes récentes ou plus anciennes, car une tristesse actuelle, provoquée par un événement quelconque, peut en fait être l'écho d'une tristesse plus ancienne qui se réveille. La personne triste va chercher dans la nourriture du réconfort et de la chaleur pour compenser la chaleur humaine dont elle a besoin. Elle va déplacer sur les aliments qu'elle se donne à manger la quête affective qui est la sienne. L'aliment remplace alors l'affect. Le repli sur soi, que la tristesse implique, favorise une moindre dépense énergétique. L'accumulation de graisse en réaction à un état de tristesse prolongée n'est pas constante. Mais elle est une des réponses émotionnelles du corps, qui exprime symboliquement ce besoin d'être enveloppé, emmitouflé, protégé.

Que faire ?

Notre société actuelle est peu tolérante vis-à-vis de cette émotion, même si elle est motivée objectivement (perte d'emploi ou rupture amoureuse), et pousse chaque individu à la masquer.

De fait, certains croient que la meilleure façon de lutter contre sa tristesse consiste à faire comme si elle n'existait pas. Ils la refoulent. Ils mettent alors de côté ce sentiment sans le laisser s'exprimer et, ce faisant, ils s'illusionnent, car la tristesse risque alors de se manifester de façon inattendue et inadaptée telle que des fous rires lors d'un enterrement ou des pleurs sans raison lors d'occasions qui ne sont normalement pas tristes. En outre, une tristesse maintenue trop longtemps refoulée peut générer des kilos émotionnels.

Mais la tristesse n'est pas tout à fait inutile. Elle met un frein au cours d'une existence qui s'emballe parfois. Elle permet de réfléchir sur soi, de se concentrer sur des aspects de sa vie, de prendre conscience de ses erreurs et d'en tirer un enseignement. Ainsi, par la pause qu'elle impose, la remise en question qu'elle rend possible et la réorientation de son mode de vie, elle peut prévenir l'installation d'un stress chronique. Chercher à l'étouffer à tout prix par des aliments ou des médicaments empêche ce recentrage et l'évolution émotionnelle qu'elle favorise.

La tristesse, il faut parfois la chercher pour la faire s'évacuer et libérer son impact délétère sur le poids. Quand on est triste et qu'on en a trouvé la raison, on peut laisser couler les larmes. Surtout ne retenez rien, cela se transformerait en kilos. Ayez de la compassion pour vous, cela évitera de vous consoler par des aliments, et gardez confiance en l'avenir.

Le moyen de se départir de la tristesse est donc de la laisser s'exprimer, d'en rechercher les origines actuelles et passées, de se consoler comme si on consolait une amie et d'utiliser chaque parcelle d'énergie positive persistante ou renaissante pour se diriger vers des pensées, des actions, des personnes qui sont des sources potentielles d'amélioration de sa situation et de bien-être.

L'ennui

L'ennui est désœuvrement, lassitude et manque d'intérêt. C'est un vécu pénible ; d'ailleurs ennuyer quelqu'un c'est l'agacer, le contrarier. Ici, c'est soi-même que l'on agace. On est en attente de quelque chose sans savoir précisément quoi. C'est une paralysie des envies et des initiatives en tous domaines. Même l'imagination ou les fantasmes désertent l'esprit. Il y a une inhibition à penser et à rêver. Parfois, une forme de nostalgie et de regret occupe le terrain de l'ennui. Le déplaisir en est presque une constante. Aucune des activités habituelles ne procure d'agrément. L'ennui pousse à ne rien faire, puisque rien n'a d'attrait, ce qui peut être utile en période de convalescence pour panser ses plaies et se reconstruire en réfléchissant sur soi.

Le temps de celui qui s'ennuie prend un pas pesant, il semble figé. On le voit passer. C'est justement une des raisons d'être de l'ennui. Car l'ennui est un mal dont on peut tirer profit : l'objectif inconscient chez celui ou celle qui s'ennuie est de tenter de ralentir le temps, de le suspendre.

À l'occasion d'un événement, d'un changement brutal de vie (adolescence, mariage, séparation, retraite), même s'il était prévisible, le bouleversement est tel que le psychisme considère que les choses ont été trop vite, que le temps a pris une trop grande accélération par rapport au rythme habituel. On a alors besoin de temps pour s'adapter à la nouvelle situation et l'ennui nous l'accorde. En étirant le temps, il remet les pendules à l'heure. S'ennuyer est, je pense, une tentative inconsciente de maîtriser le temps qui va et qui file. Le sentir passer lui offre un caractère plus concret, plus saisissable, avec l'espoir vain de le stopper, de « tuer » le temps. C'est aussi un rempart contre cette autre émotion pénible et susceptible de provoquer des kilos émotionnels que l'on vient d'analyser : la tristesse. L'ennui, en effet, englue l'esprit et empêche l'irruption de toutes pensées ou idées et notamment les pensées sombres et les idées noires.

Enfin, la raison d'être de l'ennui est aussi de faire rempart contre l'angoisse de mort, angoisse que j'ai constatée très fréquemment chez les victimes chroniques de l'ennui. Cette angoisse est volontiers réveillée lors d'un changement de vie, puisque c'est alors l'occasion de prendre conscience de la finitude des choses. Le paradoxe est que l'ennui peut être mortifère quand il va jusqu'à l'immobilisation intellectuelle, affective et motrice. En s'ennuyant « comme un rat mort », on « fait le mort ». Or, justement, ce qui est mort ne pouvant plus mourir, il s'agit en s'ennuyant de faire le mort pour ne pas le devenir.

L'action de l'ennui sur le poids

L'ennui est une cause fréquente de kilos émotionnels. Manger est une façon de remplir une existence qui apparaît vide, un moyen de s'occuper : « Je me sens parfois comme une vache qui s'ennuie, qui regarde passer les trains et qui broute », confie Isabelle.

C'est aussi un ressenti pénible contre lequel on essaie de lutter par la recherche de sensations et notamment par des prises alimentaires, qu'elles procurent du plaisir ou du désagrément.

L'ennui rend moins mobile et cette stagnation physique entraîne un bilan calorique favorable à la prise de poids.

Enfin, en dehors de ces différents facteurs, et à apport calorique constant, le sentiment prolongé d'ennui induit probablement une accumulation de graisse par réaction émotionnelle. En effet, l'individu qui s'ennuie sur une longue période acquiert une image modifiée de soi-même, avec une dissipation de la perception de ses propres limites. Désinvestissant son environnement, moins actif, il réduit son interaction avec le monde externe et, en parallèle, il désinvestit également son monde interne (pensées, imagination). Du fait de cette paralysie des échanges internes et externes, les limites entre le dedans et le dehors de l'image inconsciente de son corps deviennent plus floues. D'où une prise de volume rendue possible par une contention psychologique moindre et par la nécessité pour le psychisme d'alourdir le corps d'une identité qui apparaît flottante.

Comment lutter contre l'ennui

Puisque ce malaise bien particulier qu'est l'ennui n'est pas sans fondements, que ce temps qui vous est offert soit mis à profit pour ne rien faire de courant. Profitez-en pour faire des choses que vous n'osiez pas ou n'envisagiez pas de faire jusqu'à présent… ou simplement pour ne rien faire. Ne rien faire, ce n'est pas manger tout le temps. C'est laisser le « faire » pour l'« être » : être pensant, être rêveur, parlant, observateur ou encore être à l'écoute.

Lutter contre l'ennui passe par la prise de conscience de ses motivations souterraines. C'est aussi accepter de se confronter à l'angoisse du temps qui passe et de la mort. Ce qui implique d'avoir une réflexion personnelle et des échanges sur ce thème comme sur le sens de la vie avec des personnes engagées dans ce type de réflexions ou via des supports philosophiques (documentaires, livres).

Cela passe aussi par une mobilisation de son imaginaire, la recherche de souvenirs agréables, et l'attention portée aux rêves. C'est en portant les projecteurs sur son monde interne que renaîtra l'envie, et non pas uniquement en se forçant à participer à mille et une activités diverses.

L'ennui peut témoigner d'une période de transition dans la construction de sa personnalité et dans son histoire personnelle ; ce n'est d'ailleurs pas un hasard s'il est très présent à l'adolescence. Il est alors volontiers annonciateur de nouveaux goûts et de nouveaux centres d'intérêt. Il pousse aussi à chercher des activités nouvelles, à emprunter des voies insolites pour trouver des plaisirs inédits, ce qui présente un grand intérêt dans la reconstruction de soi. En ce cas, anticipez le mouvement et dirigez-vous vers des sujets ou des activités qui jusqu'alors ne vous inspiraient guère, voire vous repoussaient, histoire simplement d'y goûter.

L'anxiété

Si la peur est une réaction face à un danger présent, immédiat (par exemple un serpent), l'anxiété est une anticipation à un événement réel ou imaginaire. Elle peut être permanente (toute la journée) et s'installer dans la durée. Ses modes d'expression sont variables : troubles anxieux généralisés (TAG), phobie sociale, angoisse de séparation…

Dans le TAG, l'anxiété est présente en toute occasion. Elle est permanente et fait feu de tout bois. On imagine bien que si elle pousse à manger pour l'apaiser, l'apport calorique peut être très important à la fin de la journée. La phobie sociale se caractérise par une timidité maladive associée à la crainte d'être jugé par tout individu. Elle pousse au repli sur soi et à l'isolement, facteur de prise de poids. En société, elle invite volontiers à manger pour se donner de la contenance.

Dans l'angoisse de séparation, l'anxiété peut apparaître en toute occasion dès que les personnes ressources (ami, amour, parent) sont absentes. Elle conduit à grignoter pour se calmer mais aussi parce que l'aliment vient représenter symboliquement ceux dont on a besoin.

Si l'éducation que l'on reçoit joue un rôle majeur dans la construction du sentiment de sécurité interne, ou dans la transmission de mécanismes de défense contre les angoisses, il existerait aussi des facteurs héréditaires, génétiques, qui nous rendraient plus ou moins anxieux. Les hormones entrent également en ligne de compte. Ainsi, on l'a vu, la puberté, la grossesse ou la ménopause sont des périodes de changement de réactivité face aux peurs de toutes sortes.

L'anxiété et le poids

L'anxiété est une source majeure de prise de poids. Elle agit sur le comportement alimentaire en favorisant l'hyperphagie.

Diverses raisons affectives qu'on a explorées expliquent ce lien entre anxiété et prise de poids : nourriture donnée systématiquement à des enfants tendus pour les soulager, imprégnation dans la mémoire du caractère agréable, rassurant, apaisant des repas que l'on prenait enfant, en famille. L'explication physiologique renvoie aux apports alimentaires qui sont nécessaires à la fabrication de neurotransmetteurs tels que la sérotonine ou la tyramine. Mais le premier effet anxiolytique est tout simplement la montée de la glycémie dès les premières prises alimentaires.

L'anxiété est aussi une source majeure de kilos émotionnels qui vont être stockés au fil du temps ou de façon plus aiguë à l'occasion d'épisodes d'anxiété provisoires mais intenses. Notons que chez certains, l'anxiété permanente, non canalisée, brûle les graisses, mais en ce cas elle a, en plus de son impact psychologique, un effet délétère sur certains organes (augmentation de la fréquence cardiaque, pic glycémique altérant les vaisseaux sanguins, ulcère digestif).

Se protéger de l'anxiété

Nous ne sommes pas égaux face à l'anxiété. Elle est liée à des facteurs externes ; en effet, chacun en fonction de son environnement doit affronter des menaces plus ou moins importantes. Elle est également liée à des facteurs internes ; ainsi, des facteurs génétiques expliqueraient que telle personne est plus ou moins sujette à l'anxiété. Mais le niveau d'anxiété est aussi en corrélation avec des facteurs de développement. En effet, au fil de sa croissance, chaque individu met en place des mécanismes de défense psychologiques contre l'angoisse grâce à ses ressources psychiques propres mais aussi en fonction des modèles qui s'offrent à lui (la façon dont ses parents régulent leur propre anxiété), de l'éducation et de la sécurité affective reçue.

Pour faire face à un état d'anxiété, il convient de rechercher des appuis externes : par exemple en se confiant à ses amis ou en modifiant son mode de vie. Et il faut mobiliser ses ressources internes en se rappelant par exemple ses succès passés dans des circonstances analogues ou en stimulant sa croyance en soi. On fera aussi des hypothèses positives pour contrebalancer les hypothèses négatives sources d'anxiété. On prendra ses distances avec les expériences négatives passées qui nourrissent l'anxiété d'aujourd'hui, pour considérer que les circonstances aujourd'hui diffèrent.

S'il y a une situation ou un danger à affronter, faites-le par étapes. Décomposez les tâches à accomplir et envisagez leur accomplissement pas à pas. Agissez à mesure, sans penser à l'ensemble des conséquences imaginables.

Face aux autres, cessez de vous croire au centre du monde

et en particulier des regards et des critiques. N'oubliez pas que les gens se préoccupent d'abord de leur propre image avant d'être centrés sur la vôtre. Ne craignez plus de ne pas être aimé, pour vous occuper d'abord de savoir qui vous plaît ou qui vous intéresse, puis allez vers cette personne en prenant le risque de lui déplaire – de toute façon, on déplaît rarement aux personnes auxquelles on avoue les trouver intéressantes ou formidables. De votre côté, ayez un esprit d'ouverture en vous gardant d'émettre à l'emporte-pièce des avis négatifs sur des personnes que vous ne connaissez pas vraiment. Arrêtez de juger tout et n'importe quoi. Et si vous ne parvenez pas à vous en empêcher, et en particulier de vous juger vous-même, interrogez-vous sur l'origine de cette attitude. Faites un tour dans votre passé pour voir qui au sein de votre famille se conduisait ainsi avec vous, avec lui-même, ou avec les autres.

Utiliser le raisonnement

Le raisonnement est un bon outil pour lutter contre l'anxiété en chassant, comme absurde, le caractère de gravité extrême et de certitude que vous accolez aux conséquences possibles de tout ce que vous faites. L'anxiété est habituellement la crainte d'un danger réel ou imaginaire qui vous menace à brève ou à lointaine échéance. Il s'agit, pour la combattre, de considérer mentalement ce danger comme une simple hypothèse. « Le pire n'est jamais sûr », dit-on à juste titre et, même si ce que vous redoutez advient, sachez que ce sera probablement moins dramatique que vous l'imaginiez puisque l'anxiété modifie le mode de pensée et fait surestimer la gravité des dangers comme leur probabilité de survenue.

Vous pouvez aussi jouer sur l'anticipation anxieuse en acceptant l'idée que votre vision du futur se faisant au travers du prisme du présent, elle est donc faussée. Ainsi une femme en couple, malheureuse en ménage, s'angoisse à l'idée d'être quittée, car elle craindrait de ne plus plaire aux hommes et de finir sa vie seule, et préfère être mal accompagnée qu'être célibataire. D'autant que ces derrières années elle a pris plusieurs kilos. Ce serait oublier que la vision des autres aujourd'hui se fait par le biais de sa vie de couple. Elle n'est appréhendée par autrui et ne s'appréhende elle-même que comme membre de ce couple. Or sa façon d'être et le regard des hommes sur elle changeraient si elle était libre. Quant à son poids, il est possiblement dû à des kilos émotionnels accumulés en raison d'une existence insatisfaisante qu'une nouvelle vie pourrait dissiper.

S'exposer à l'anxiété

Le face-à-face est une autre technique. Il s'agit de se confronter à son anxiété sans agir, de la laisser vivre, en se contentant de la ressentir sans essayer de lutter contre. Sans barrage pour la contenir, vous la verrez s'écouler, baisser en pression et non croître comme vous pourriez le craindre. Ne tentez pas alors de chasser vos pensées anxieuses, laissez-les s'ébattre dans votre esprit car plus vous essayerez de vous opposer à elles, plus elles en sortiront renforcées.

Dans un second temps, vous pourrez venir provoquer l'anxiété sur son terrain, en vous exposant volontairement à des situations habituellement susceptibles de la générer (par exemple en sortant de chez vous pour ceux dont le niveau d'anxiété s'élève à l'extérieur). Une fois dans la situation génératrice d'anxiété, attendez que le niveau d'anxiété diminue nettement avant de vous dégager. Vous aurez bien sûr au préalable bien défini les situations où l'anxiété est la plus élevée. On parle alors d'« exposition progressive à l'anxiété » afin de se désensibiliser, et cela à force de confrontations répétées et progressives aux facteurs anxiogènes (générateurs d'anxiété). Une exposition répétée et régulière (quotidienne) permet d'obtenir une baisse permanente du niveau d'anxiété.

D'autres techniques existent comme celle de se fixer sur le présent, celui de ses sensations corporelles notamment, de toute sa sensorialité, c'est-à-dire d'être vigilant sur ce que l'on voit, entend, sent, touche… Ainsi, on reste dans le concret des perceptions et on évite les pensées négatives et irréalistes qui nous font nous angoisser. Il s'agit d'être vraiment dans l'instant et non pas de vivre dans un futur proche ou lointain, toujours inconnu, et donc toujours angoissant pour une personne anxieuse.

Découvrir les racines de l'anxiété

Mais agir par ces méthodes sur l'anxiété ne doit pas vous empêcher d'en rechercher les racines possibles dans votre histoire personnelle. Quand a-t-elle débuté ? Quelles étaient les choses qui vous angoissaient enfant ? Qui vous rassuraient et de quelles manières ? Qui était anxieux autour de vous ? Comprendre les mécanismes d'installation de sa nature anxieuse aide à les démonter. Car souvent celui qui a peur en vous, ce n'est pas véritablement vous aujourd'hui, mais quelqu'un de votre famille dont vous êtes le porte-parole ou bien celui que vous étiez, enfant. Il s'agit alors, grâce au recul permis par la psychothérapie, de se décoller de la véritable victime de l'anxiété.

Il n'est pas toujours aisé de repérer ses peurs car une peur peut en cacher une autre. Ainsi, la peur des araignées, ai-je constaté, peut renvoyer par des correspondances symboliques et inconscientes à la crainte d'une intimité sexuelle avec les femmes. Les thérapies psychanalytiques s'attaquent davantage à la racine du mal en partant en quête des peurs infantiles, de leurs évolutions ou de leurs rôles dans les peurs adultes. Ces thérapies sont particulièrement indiquées dans les cas de troubles anxieux généralisés où il existe un fond d'insécurité permanent, mais aussi dans les angoisses de séparation.

La colère

La colère, qu'elle s'exprime sous la forme d'agacement, d'emportement, d'exaspération, d'impatience, d'indignation, d'irritabilité ou de fureur, est une réaction violente, agressive, due à un profond mécontentement.

Ce mécontentement est provoqué par le sentiment d'être touché, blessé, agressé en surface mais souvent dans son être profond, à l'occasion d'une situation vécue comme dangereuse, injuste ou dévalorisante. La colère est donc très en lien avec notre subjectivité, au contraire d'une simple réaction physique.

La colère fonctionne par crise, mais il existe des états de colère prolongés qui deviennent des tempéraments qualifiés diversement d'« agressifs », d'« aigres », d'« acides », d'« acariâtres », d'« acerbes », d'« acrimonieux », de « hargneux », de « tranchants », de « piquants », etc.

Durant des siècles, selon les théories du médecin de l'Antiquité Hippocrate, les tempéraments ont été définis par rapport aux humeurs. Ainsi, les « colériques » ou « bilieux » sécrétaient trop de bile noire. Ils étaient classiquement décrits comme des personnes minces. On parle depuis longtemps de colère « blanche », « bleue », ou « noire », ce qui est un premier témoignage des réactions physiques qui accompagnent cette émotion. Crispations musculaires, agitation, augmentation de la fréquence cardiaque, dilatation pupillaire, contraction des cordes vocales, etc., sont les signes physiques d'une émotion qui apparaît dès la naissance. Derrière ces impacts physiques, des modifications biologiques ont lieu, notamment des sécrétions d'hormones et de neuromédiateurs, en particulier la sécrétion d'adrénaline qui rend tonique et prompt à l'action, et qui a priori a un effet « dégraissant » sur les kilos émotionnels. La fonction de ces signaux physiques est de nous préparer au combat et de signifier à l'autre nos sentiments, de le mettre en garde. Mais cela permet aussi de se désigner à soi-même cette émotion car on n'a pas toujours conscience de ses différents ressentis à force de les dénier.

Les effets de la colère sur le poids

Si elle est « mauvaise conseillère », la colère aura en revanche plutôt tendance à brûler les calories et à générer un effet coupe-faim. On est dévoré par la colère plus qu'elle ne pousse à grignoter. Elle est exaltation, sortie de soi (de ses gonds à tout le moins), déchaînement, débridement et, à ce titre, elle peut être transitoirement libératrice pour une personnalité caparaçonnée en elle-même au point d'en souffrir. On parle d'ailleurs de « saine » colère.

Mais le caractère provisoire de cet émoi n'induit pas de changements profonds. Et le contre-coup de la colère peut annihiler ses effets. Car les retours de l'entourage sont souvent critiques, et pas seulement en cas de colère monstre, folle ou incontrôlable. Et la mauvaise image qu'elle donne de soi aux autres, comme à soi-même, réveille des émotions négatives bordées de culpabilité qui peuvent pousser à stocker des graisses ou à s'alimenter.

C'est en effet une émotion qui fait partie des plus réprouvées, au contraire par exemple de la tristesse, de la joie ou de l'étonnement. Or c'est quand elle est retenue, contenue, rentrée, larvée, silencieuse que la colère est la plus néfaste pour nos kilos qu'elle fait emmagasiner. Certes, aujourd'hui, on pousse les gens à ne pas retenir leur colère, au point que ceux qui la retiennent s'en veulent. Bref, exprimée ou retenue, la colère est systématiquement condamnée. Retenue volontairement ou en raison de l'éducation reçue, elle l'est aussi parfois quand elle n'est pas reconnue comme telle. Elle va alors être refoulée en partie et sublimée en pseudohumour, plus ou moins ironique et surtout cynique ou amer. Elle peut aussi être annulée psychiquement et transformée en indifférence apparente. Parfois, hélas, elle suscite un repli sur soi. Ces deux derniers cas, surtout le dernier, favorisent une somatisation avec stockage de graisse.

Lorsque la colère reste séquestrée, elle est remplacée par de la haine et secondairement, comme toute émotion stockée, se concrétise en graisse. C'est parfois une tentative d'éviter d'entrer dans une phase de tristesse. Ainsi, Paul a quitté Christelle il y a trois ans pour sa collègue de travail. Depuis, Christelle ressent contre cet homme qu'elle a tant aimé une colère qui ne diminue guère. Elle dirige également cette colère contre elle-même et les kilos qu'elle accumule depuis sont la trace de cette guerre qu'elle mène tous azimuts. Cette colère l'empêche de se laisser aller au chagrin, étape indispensable pour se reconstruire affectivement et empêche de surcroît l'amour pour un autre homme de germer à nouveau dans son cœur.

Que faire ?

C'est pourquoi il est important de ne pas laisser la colère s'installer chez vous trop longtemps. Dans un premier temps, cherchez à diminuer autour de vous tous les facteurs potentiels de colère. Sélectionnez des activités agréables. Refusez les propositions qui vous coûtent trop d'efforts, tant dans le domaine professionnel qu'extraprofessionnel. Ne vous chargez pas de responsabilités nouvelles, sources éventuelles de conflits.

Pour ne pas qu'elle entraîne de kilos émotionnels, il est conseillé de ne pas systématiquement étouffer sa colère, ni bien sûr de l'extérioriser violemment sans entrave. L'idéal est de la verbaliser en formulant ce que l'on ressent face à une attaque ou une situation. S'il n'est pas toujours aisé de le faire sous le coup de l'émotion, on n'hésitera pas à l'exprimer dans un second temps quitte à ce que cela paraisse « réchauffé ». C'est en s'entraînant à cela que l'on parviendra plus tard à énoncer les choses en temps et heure. Une expression physique différée (course, aérobic ou sport de combat) est également conseillée, ainsi que les techniques de relaxation.

Ne gardez pas rentrée en vous votre colère. La retenir prisonnière fait courir le risque d'en devenir prisonnier. Mais ne la manifestez pas de manière trop directe et explosive en insultes ou en menaces directes. Il est sain de trouver un interlocuteur privilégié qui pourra vous entendre la dire sans mettre de l'huile sur le feu, ni la désavouer en vous culpabilisant d'être en colère. À défaut, répartissez ce rôle sur plusieurs personnes de votre entourage.

Pour évacuer cette colère sans dommage, donnez-lui libre cours en pensées. Imaginez-vous disant ce que vous avez sur le cœur à la personne concernée, voire dites-le tout haut en tenant une photo la représentant. Imaginez la scène où vous vous exprimeriez sans retenue (et sans être interrompu) pour lui dire ses quatre vérités. Utilisez également l'écriture ; l'écrit donne un recul et une réflexion que n'autorise pas la communication orale. Écrivez votre colère et, si vous ne souhaitez pas qu'il en reste trace, n'envoyez pas ces lettres. L'essentiel n'est pas qu'elles parviennent à leur destinataire mais que vous soyez soulagé. Les artistes en herbe ou confirmés bénéficient d'un média tout trouvé pour sublimer leur colère, c'est-à-dire la transformer en énergie créatrice.

Certains sports profitent de l'énergie de la colère pour l'expulser sainement : ceux qui favorisent le corps à corps comme les sports de combat (body combat, boxe, arts martiaux), qui permettent de se défouler (trampoline, trapèze volant, saut à l'élastique, jogging, danse africaine, roller). Les sports énergiques libèrent, comme la colère, de l'adrénaline. Mais dans un second temps, ils induisent la production d'endorphine ; celle-ci active le système parasympathique qui apaise, baisse la fréquence cardiaque et la tension artérielle, ce qui n'est pas le cas spontanément après une colère.

Sachez également que l'expression de sa colère ne suffit pas. Il convient de différencier les colères justifiées et celles qui ne le sont pas, afin d'analyser l'impact de ces dernières. Et il est important de comprendre pourquoi une situation, objectivement insignifiante, nous met dans un tel état.

Enfin, l'humour est une façon saine de canaliser sa colère. On rira, seul ou entre amis, de ceux qui déclenchent votre colère. Moquez-vous aussi de vous et de la personne que vous devenez sous le coup de cette émotion. Mais la méthode la plus performante pour en sortir est de laisser couler ses larmes pour diminuer la pression et induire des sécrétions internes aux vertus apaisantes.

La jalousie et l'envie

L'envie, c'est la douleur de voir autrui jouir de ce que nous désirons ; la jalousie est la douleur de voir autrui posséder ce que nous possédions. Ce sont deux types d'émotions négatives qui attisent la colère. On envie le bonheur retrouvé de son ex, on jalouse celle qui profite de lui, on jalouse son ex quand les enfants le réclament, on envie tous les couples heureux de la Terre. Cette envie, on la justifie par la notion de justice : « Ce n'est pas normal qu'il m'ait fait souffrir et qu'il soit heureux avec une autre ! » Mais elle touche aussi celle qui abandonne son compagnon pour ensuite l'envier d'avoir trouvé le bonheur auprès d'une autre.

Derrière l'envie, il y a du ressentiment, mais du désir également. L'envie peut présenter un intérêt s'il est un facteur d'émulation pour vous puisque le bonheur de l'autre vous montre qu'on peut le retrouver. Mais souvent c'est une envie qui est sous-tendue par des sentiments d'infériorité [1]. Par de la crainte aussi : celle de ne pas rencontrer un nouveau bonheur équivalent au sien.

Comment s'en débarrasser ?

Pour vous débarrasser de cette envie qui risque de vous ronger et de se transformer en envie de manger, il faut d'abord la reconnaître comme telle. Ensuite, il faut que vous retrouviez tous les sentiments qu'elle camoufle chez vous : par exemple, après un chagrin d'amour, la peur de rester seule, la honte de ne pas avoir su le garder, la tristesse de ne plus être aimé par lui, le doute sur vos capacités de séduction, le remords de l'avoir quitté…

Cherchez ensuite à repérer clairement vos envies personnelles que masque cette envie de lui ou des autres : par exemple vous souhaitez pouvoir vous apprécier à nouveau, ne plus souffrir de cette séparation, retrouver une joie de vivre, rencontrer quelqu'un qui vous aime et que vous aimez.

Enfin, relativisez le malheur que vous procure le bonheur de l'autre : cela vous apporterait-t-il ce que vous souhaitez si l'autre ne l'avait pas ou le perdait ?

---

1. « Envier, c'est se reconnaître inférieur », Pline le Jeune, début du IIe siècle.

Les remords et les regrets

Voici deux types d'émotions cousines germaines que l'on ne sait pas toujours bien différencier. Elles sont grandes pourvoyeuses de kilos émotionnels d'autant qu'elles s'installent volontiers sur la durée, parfois toute une vie, et qu'elles peuvent croître avec le temps.

Le remords est une émotion douloureuse causée par la conscience d'avoir mal agi. Si ce mot prend invariablement un « s » c'est peut-être qu'il est souvent associé à autre chose, et que le remords est volontiers pluriel. Ou bien est-ce parce qu'il nous rappelle plusieurs fois à l'ordre, nous refait des morsures au cœur à chaque fois qu'on cherche à l'oublier ? Il mord et remord, selon sa nature.

Il peut s'agir de fautes que d'autres trouveraient bénignes ou à propos desquelles on jugerait qu'il y a prescription, mais qu'on n'oublie pas et qu'on ne se pardonne pas. On est alors son propre juge et on peut se montrer très sévère avec soi-même. Le remords étouffe, empoisonne. On est « rempli » de remords, « bourrelé » de remords [1], et on évoque volontiers le « poids » du remords. Chez certains, le remords peut faire dépérir quand il ronge et qu'il dévore. Ou alors, au contraire, on va lutter contre cette combustion interne par un apport calorique supplémentaire et un stockage émotionnel de graisse.

Apprenez à relativiser vos fautes présentes et passées. Ne

1. Ce qui indiquait non pas, comme on pourrait le croire, une conscience bourrelée de remords, mais un estomac surchargé de nourriture.

soyez pas plus juge que les juges et ne vous condamnez pas à perpétuité ou aux remords éternels. Mesurez avec objectivité ce que vous avez fait de mal et cherchez-vous au moins quelques circonstances atténuantes. Enfin, pensez par ailleurs à tout le bien que vous avez pu faire autour de vous et qui, s'il ne l'efface pas, allège du moins votre faute.

Si vous ne pouvez pas éviter que les corbeaux du remords volent au-dessus de votre tête, vous pouvez cependant les empêcher de faire leurs nids dans vos cheveux. Pour cela, il faut en premier lieu le communiquer. Mais ne diabolisez pas trop ce remords. Il peut être utile et constructif pour soi, sauf évidemment s'il est excessif. Si vous avez causé du tort à quelqu'un, demandez pardon. Par ailleurs, votre conduite d'alors avait peut-être un fond de justification ; par exemple, si vous avez rompu une relation amoureuse vous ne l'avez pas fait sans raison. Demander pardon ne signifie pas que votre choix d'alors n'avait pas lieu d'être, mais qu'en revanche vous êtes capable de prendre en compte la souffrance d'autrui et qu'elle vous importe. Malgré ce repentir, il n'est pas du tout certain que l'on vous pardonne, mais vous aurez fait du bien. Rien ne vous empêche également de vous pardonner vous-même, sans pour cela attendre le pardon d'autrui.

Les attitudes charitables de ceux qui veulent se racheter une bonne conscience sont volontiers décriées. Pourtant, où est la honte de se conduire de façon altruiste ? Ou d'accomplir de bonnes actions pour se racheter de conduites dont on a le remords ? En contrepoint, souvenez-vous de ceux qui vous ont causé une blessure autrefois et profitez de l'occasion de ce travail sur vous pour leur pardonner. Il sera alors plus aisé de vous pardonner de ce que vous avez fait subir à d'autres, et vous allégera d'encombrantes rancunes. C'est à ce titre surtout que le remords est constructif pour soi.

Et si tout cela n'est pas suffisant, considérez que ce remords qui vous pèse déjà depuis longtemps est un châtiment qui rend désormais injustifiés les remords.

Attention, certains qui ne devraient pas avoir à rougir de leur comportement ont une personnalité propice à se sentir coupables : du coup, ils éprouvent du remords quand des manipulateurs les convainquent qu'ils sont responsables de tous leurs malheurs afin de pouvoir exploiter à leur profit ce remords généré. Apprenez à repérer ces manipulateurs et humiliateurs... pour les rejeter définitivement sans aucun remords.

Quant aux regrets, ils se déplacent en grappes. Si le remords concerne ce que l'on a fait, le regret touche davantage ce qui n'a pas été fait. C'est a minima un mécontentement, au plus un grand chagrin de n'avoir pas pu réaliser quelque chose. Ce sont aussi des espoirs déçus. On regrette un bonheur qui aurait pu être. Parfois, un regret en cache un autre, ou bien se nourrit d'un regret plus ancien. Prenez la peine de les analyser pour percevoir ce que vous regrettez véritablement et savoir si sa réalisation aurait vraiment changé votre existence d'aujourd'hui. Mais surtout, demandez-vous si la concrétisation de ce que l'on regrette n'aurait pas pu empêcher d'autres bonheurs réellement advenus.

Les regrets ne sont pas sans intérêt. Ils donnent un certain recul sur la vie. En effet, les désillusions aident à traverser les apparences. Pour autant, il est préjudiciable de se laisser envahir par eux car ils induisent des kilos de consolation.

Pour les réduire, on peut faire un travail de mémoire sur toutes nos attentes d'autrefois qui nous semblaient alors inatteignables mais qui ont finalement pu se concrétiser. Rappelez-vous ce succès à l'examen ou à cet entretien d'embauche, cette rencontre amoureuse, cette amitié qui est née d'une rencontre totalement insolite, cet appartement trouvé alors que le désespoir pointait de ne pas trouver le logement ad hoc. Tous ces moments de tranquillité, de bien-être, de bonheur, même s'ils ne sont plus, ont été les vôtres et vous appartiennent désormais à jamais.

En second lieu, face à ce que vous n'avez pu voir se réaliser, il convient d'envisager ce qui est réalisable. Quels sont vos souhaits pour les années qui viennent ? Investissez l'avenir d'envies nouvelles, peut-être plus réalistes, en tout cas plus conformes à vos attentes actuelles et à la personne que vous êtes devenue. Ne laissez pas celui ou celle que vous étiez occuper tout le terrain de votre esprit. Pensez désormais à la personne que vous êtes aujourd'hui et occupez-vous de son bien-être à elle pour limiter les regrets de demain !

Le sentiment de vide

« Je me sens parfois totalement vide, me confie Laurence. Je ne me sens pas triste, mais sans consistance », précise-t-elle. Cette impression de vide intérieur, beaucoup d'entre nous l'avons eue de façon transitoire, à l'occasion d'un état de fatigue, d'un syndrome grippal, d'un moment de solitude ou d'un coup de blues. Cependant des personnes l'éprouvent très fréquemment ou bien en sont victimes de manière continue.

L'impression est à la fois physique et morale. Physiquement, on a le sentiment de n'avoir rien, ni dans la tête ni dans le corps, de ne rien sentir de concret à l'intérieur de soi. Moralement, le champ de la pensée comme celui de l'imaginaire apparaissent stériles. « Je n'ai envie de rien, rien ne me touche », ajoute Laurence. C'est le champ du désir également qui paraît désertique.

« La nature n'aime pas le vide », dit l'adage. L'homme non plus. Ni le vide qu'il craint de rencontrer sous ces pas (les mammifères ont également peur du vide externe), ni son vide intérieur. Si le nouveau-né s'emplit de nourriture, on a vu qu'il s'emplit également de tout ce que ses sens captent (bruits, lumières, odeurs, sensations tactiles) et qui prendront sens en musiques, paroles, images, parfums, relations physiques. Par la suite, on se remplit de savoir, de culture, d'amour. On s'emplit, à tout âge, de ce que l'on arrive à capter de l'extérieur, mais aussi de ses propres productions internes : physiques (gaz, mouvements des organes internes, tensions musculaires) ou abstraites (tensions psychiques, pensées, sentiments, émotions, visualisations, images mentales).

Un défaut d'aptitude à se nourrir spirituellement de l'extérieur ou bien un défaut de capacité à élaborer des abstractions induit ces sensations de vide.

Des origines diverses

Le manque d'imagination est l'un des principaux responsables du sentiment de vide. L'imagination se met en place précocement dans le développement de l'enfant. Il est probable que le nouveau-né imagine le sein de sa mère ou le biberon en son absence. L'imaginaire est une capacité du cerveau humain, dévolue au cortex, qui est l'essence même de la créativité. Il est en lien permanent avec le cerveau émotionnel. Très tôt, des enfants manifestent une aptitude plus ou moins grande à imaginer.

Si des différences congénitales existent peut-être, l'imagination des enfants est également plus ou moins stimulée par l'entourage qui l'encourage, la valorise en s'y intéressant ou, au contraire, la réfute, la cadre, voire la bride. Mais les facteurs affectifs et moraux sont les principaux freins à l'imaginaire. Et les carences à imaginer sont dues avant tout à des mécanismes d'inhibition. Tout se passe comme si le cerveau ne laissait pas venir en conscience les produits de son imaginaire. En effet, accepter d'imaginer, c'est accepter la circulation de pensées, de rêveries, des fantasmes, et d'idées de toutes sortes dont certaines peuvent être angoissantes ou réprouvées par la morale individuelle. L'inhibition à imaginer, à la rêverie éveillée, est avant tout causée par un manque de tolérance personnelle vis-à-vis de ses propres représentations mentales. Il n'est pas rare que cette retenue naisse au cours de l'adolescence, à l'heure où le cerveau est envahi de pensées et de désirs nouveaux chargés de pulsions agressives ou sexuelles et de peurs nouvelles.

Des carences affectives prolongées dans l'enfance sont une autre origine possible. Elles entraînent une réfrigération des sentiments et un sentiment de vacuité affective. Voici le témoignage de Lucie : « Je n'ai pas reçu d'amour de mes parents. Ils répondaient à mes besoins, m'habillaient, m'achetaient des jouets à Noël et des affaires à chaque rentrée scolaire, je ne manquais de rien matériellement, mais je les ai toujours sentis indifférents affectivement. C'est comme s'ils remplissaient un devoir, une fonction parentale, mais je ne ressentais ni de chaleur ni d'amour. J'avais le ventre plein mais le cœur vide. »

Toutes les formes de paralysie de la mémoire sont des

causes possibles de vacuité psychique. Car beaucoup d'émotions et de pensées sont en lien avec la mémoire. Un traumatisme infantile, de quelque nature qu'il soit, peut bloquer des pans entiers de souvenirs sur toute la période qui le précède. En effet, pour s'en protéger, le psychisme bloque en globalité les accès à la mémoire. Mais il peut aussi s'agir d'une atteinte neurologique qui provoque des amnésies.

Des circonstances diverses peuvent déclencher des malaises chez telle personne qui réagira en paralysant ses mécanismes psychiques à visée protectrice, mais qui en conséquence souffrira d'un sentiment de vide.

Enfin, on verra que les états dépressifs sont volontiers associés à un vécu de vacuité interne. Plusieurs facteurs s'associent alors pour le creuser : pensée ralentie et engluée, imagination desséchée, trouble de la mémoire.

Quelle que soit l'origine de ces failles d'imaginaire, l'individu, à défaut de se nourrir de choses abstraites, va se remplir d'aliments. C'est le retour au concret par défaut d'abstraction. On se remplit d'aliments jusqu'à la sensation physique de réplétion gastrique. Et on recommence dès que cette sensation s'atténue. Il ne s'agit alors ni de faim ni d'envie, mais uniquement du besoin impérieux de se remplir pour lutter contre ce sentiment de vide qui s'apparente au sentiment effrayant de ne plus exister. Pour le coup, on mange pour pouvoir vivre. Mais c'est une course sans « faim ».

Le traitement consiste évidemment à lutter contre ce qui provoque ce sentiment de vacuité pour pouvoir se nourrir spirituellement par des apports externes ou une fabrication en interne.

Comment combler le vide ?

Il faut développer son imaginaire par tous les moyens possibles. La lecture et les cours de théâtre (notamment les techniques d'improvisation) sont sans doute les plus classiques. Certaines techniques de relaxation sont efficaces si c'est le stress qui paralyse l'irruption de pensées et d'émotions, à condition qu'elles soient associées à des procédés de visualisation : on imagine des scènes que l'on aimerait vivre et on visualise des souvenirs anciens ou plus récents.

Si vous êtes croyant, alimentez-vous de nourritures spirituelles par des lectures mais surtout des rencontres.

On peut lever les inhibitions de la pensée par les psychothérapies d'inspiration psychanalytique. Et pour ceux qui souffrent de ne pas pouvoir se souvenir d'eux-mêmes, les techniques de rêve éveillé et le psychodrame (on joue des personnages en interaction avec un thérapeute et d'autres patients) peuvent se révéler efficaces.

Si une dépression est à l'origine du sentiment de vide, c'est contre elle qu'on luttera (voir le chapitre « Les kilos de la déprime », p. 205). On pourra changer de cadre de vie (déménagement, changement professionnel, inscription dans des activités diverses) et recevoir des soins : psychothérapies (psychanalyse, thérapie cognitive) et/ou médicaments antidépresseurs.

En cas de sentiment de vide qui fait suite à un traumatisme, là aussi c'est le traitement de la cause qui s'impose. Les syndromes post-traumatiques se soignent par des techniques de débriefing, des thérapies de groupe mais aussi d'autres formes de psychothérapies individuelles auxquelles peuvent s'ajouter des antidépresseurs spécifiques.

Enfin, on peut tenter de retrouver sa mémoire par des techniques anciennes comme l'hypnose ou, plus récente mais qui en dérive, l'EMDR[1].

La joie

La joie est l'émotion associée à la satisfaction d'un besoin, d'un désir ou d'une aspiration. Elle se traduit par de la gaieté et de la bonne humeur. Comme chaque émotion, c'est un éprouvé qui est limité dans la durée. Les joies de quelqu'un sont les bons moments, les plaisirs que quelque chose lui procure. Il peut s'agir du plaisir de manger. Mais le plaisir, qui peut être suspect, n'est pas la joie qui, elle, est toujours noble.

Les joies du bien-manger

Chez certains, manger est la principale source de joie. Cependant, ce n'est pas la joie qui est mère de la débauche alimentaire, c'est au contraire l'absence de joie. Il n'est alors pas question de brimer le plaisir de manger, mais au contraire de le cultiver. C'est-à-dire de permettre sa satisfaction tout en l'associant à des aliments qui, sur le plan diététique, contribuent au maintien d'un poids satisfaisant.

Chez ces personnes, plus que chez toute autre, la privation alimentaire est prohibée. Tout régime doit préserver le bon goût des aliments proposés. Cultiver le plaisir de manger

1. Eye Movement Desensitization and Reprocessing (mouvement des yeux, désensibilisation et retraitement de l'information) : technique de soin à base de stimulation sensorielle par le biais des mouvements oculaires.

signifie également d'y adjoindre des plaisirs complémentaires tels que celui de manger de bons aliments, de sélectionner parmi les nourritures accessibles celles qui offrent les saveurs les plus subtiles, bref de cultiver son palais afin de passer d'un plaisir brut à un plaisir plus raffiné.

Agir sur le cadre de la prise alimentaire peut susciter de nouveaux plaisirs complémentaires qui apporteront de la joie. La diversification des sources de joie, lors de la prise alimentaire, permettra de limiter les apports s'ils sont excessifs sans limiter l'éprouvé de joie. Par exemple, en s'initiant à l'art de la table, on va apprendre le plaisir d'une table joliment décorée, bien mise, dressée de couverts plaisants, qui mettent les pupilles en joie avant que ce soit le tour des papilles. En s'initiant à l'art de la cuisine, on va découvrir le plaisir de la création. Ces deux derniers arts ouvrent la voie au plaisir de recevoir et de partager la joie du bien-manger. Or une joie partagée est décuplée.

Les rabat-joie

La joie est une émotion qu'il faut accueillir sans réserve et ne pas hésiter à aller chercher. Sa présence éloigne les émotions négatives susceptibles de produire des kilos émotionnels. D'ailleurs, on a vu qu'elle est affiliée à des neuromédiateurs du cerveau qui ont un impact favorable sur le poids. Mais chez certains, la joie est difficile d'accès car, parfois, la joie fait peur.

Elle effraie ceux qui n'y ont pas été habitués enfants et pour lesquels elle est une terra incognita. Ce sont surtout ceux qui ont grandi dans un climat d'insécurité où le pire pouvait survenir sans prévenir. Ces individus sont devenus hélas prisonniers d'une anticipation anxieuse permanente. Afin de ne pas être surpris par le mauvais sort, ils vont rester en permanence sur leurs gardes, et se garder de tout laisser-aller à la joie.

Il y a aussi ceux qui voient la vie au travers du prisme d'une superstition pseudo-religieuse qui prétendrait qu'après une grande joie suit obligatoirement un grand malheur, bref que toute joie se paierait. Ce mode de pensée concerne notamment ceux qui associent la joie au péché, confondant la joie du cœur aux plaisirs de la débauche. Ou surtout ceux qui ont grandi dans un environnement où ils avaient le sentiment que leur bien-être était suspect aux yeux de leurs parents, ceux qui étaient soumis à une éducation dominée par la contrainte et les obligations avec le sentiment avéré ou fantasmé que tout plaisir était désavoué, enfin simplement ceux qui ont grandi dans un environnement dénué de joie de vivre. Que tous ceux-là prennent conscience des origines de leur retenue et qu'ils se jettent à l'eau, car « la joie prolonge la vie[1] ».

Fausse joie

Par définition transitoire, le sentiment de joie a un véritable impact bénéfique sur le poids, quand il n'est pas soumis à une discontinuité trop marquée. En effet, des moments de joie aussi brefs que violents, poussant sur un terrain miné d'humeur morne, n'offrent au final que peu de profit sur la perte de poids. À l'extrême, les personnes cyclothymiques, qui présentent des alternances de bien-être euphorique et de tristesse ou d'inquiétude profonde, sont volontiers soumises à des variations de poids anarchiques ; les kilos émotionnels sont alors pour le psychisme le moyen de stabiliser un navire qui semble fluctuer aux quatre vents.

---

1. L'Ecclésiaste, XXX, 16.

Certes, la joie est tributaire de la souffrance : quand nous avons faim, la nourriture à venir n'en est que meilleure. C'est pourquoi il convient de rechercher une joie qui ne soit pas seulement liée à la satisfaction immédiate d'un manque artificiellement créé, comme une restriction alimentaire, suivi d'un laisser-aller glouton et intense. Plus elle est extrême, plus une joie est fugitive. Ce ne sont pas des pics de joie qu'il faut viser, mais un état de joie continu et serein, qui est le plus propice à la perte de kilos émotionnels. Une succession de petites joies simples tisse un tapis émotionnel sur lequel vous vous délesterez de vos kilos en surplus.

Il faut donc découvrir les situations susceptibles de procurer de la joie, s'initier à différentes activités ou situations potentiellement génératrices de joie et, à chaque occasion de vie, avoir une lecture positive de ce qui vous arrive, c'est-à-dire de repérer d'emblée les points lumineux plutôt que l'obscurité d'ensemble.

La joie dépend de ce que nous sommes comme de ce qui nous arrive, elle n'est pas dans les choses, elle est en nous. Tandis que l'amusement ne touche que la surface de notre être et n'a que peu d'impact sur la libération émotionnelle des kilos, la joie est en pleine harmonie avec la vie intérieure et mobilise notre image de soi. Si vous êtes en joie, évitez de vous en départir trop vite comme le font certains qui ne peuvent s'empêcher aussitôt de penser aux soucis du passé ou aux problèmes à venir. La joie et une évasion hors du temps, gardez-vous alors de porter vos pensées au-delà du présent. Apprenez enfin à récolter les joies du monde pour envelopper les vôtres, en vous mettant en empathie avec votre entourage et le corps social. En un mot, faites de la joie votre principale nourriture.

9

Les kilos de la déprime

Celles et ceux qui souffrent de dépression ont une plus grande tendance à être en surpoids. Des études américaines récentes confirment le lien étroit associant obésité et dépression, en particulier chez les femmes, tout en tenant compte d'autres facteurs tels que le niveau d'éducation, le statut marital, la prise d'antidépresseurs ou la consommation de tabac. Les femmes ayant un diagnostic actuel ou passé de dépression courraient 60 % de plus de risques d'être obèses que celles n'ayant jamais été déprimées. Les femmes sont beaucoup plus susceptibles d'être en dépression si elles sont obèses et, réciproquement[1], les femmes obèses seraient deux fois plus susceptibles d'être déprimées. Selon une autre étude[2] portant sur environ cinq cents personnes dans le nord de la France, 25 % des femmes en surpoids ou obèses

---

1. Selon une recherche américaine auprès de 4 641 femmes âgées de quarante à soixante-cinq ans.

2. M. Coeuret-Pellicer, M.A. Charles, J.-M. Borys, A. Basdevant et le groupe d'études FLVS, *Association between Obesity and Depressive Symptoms in General Population*, Observatoire des habitudes alimentaires et du poids, 2002.

sont déprimées, mais seulement 14 % pour les femmes de poids normal.

En revanche, chez les hommes, il n'a pas été mis en évidence de relation entre surpoids et dépression. Est-ce à dire que les hommes expriment autrement que par la prise de poids leur souffrance dépressive ? Selon les chercheurs, les femmes souffriraient davantage que les hommes concernés par le surpoids des conséquences morales de ce surpoids. Chez elles, il s'agirait donc d'un état dépressif consécutif à l'obésité, vécue différemment par les hommes.

Comment la dépression agit sur le poids

L'état dépressif provoque un ralentissement de toutes les fonctions psychiques. C'est une mise en hibernation. De fait, une personne déprimée élabore mentalement beaucoup moins que de coutume, et ce dans tous les domaines. Par ailleurs, la mésestime de soi propre aux états dépressifs donne un sentiment d'insignifiance à son être, avec le sentiment de tenir des propos creux, d'avoir une existence futile, vide de sens. « Je me sentais comme une roue qui tournait à vide », déclare Annie à propos de sa récente dépression. « Je n'investissais plus rien, et moi-même moins que personne. Je désertais mon propre habitacle », confie une autre patiente.

Habituellement, au cours d'une dépression, la perte du goût de vivre s'accompagne d'une perte du goût pour la nourriture et l'appétit diminue. On puise alors dans ses réserves (comme en hibernation) et, classiquement, on perd du poids.

Mais il existe des états dépressifs qui entraînent une prise de poids justement comme un mécanisme de lutte contre la dépression et le sentiment de vacuité connexe qui pousse à manger au-delà de ses besoins.

La prise de poids est également causée par un ralentissement des activités physiques. Les personnes déprimées se mobilisent moins, restent plus longtemps assises ou alitées. Ce qu'explique la sensation de fatigue caractéristique de la dépression, mais également une baisse globale de motivation, d'entrain et d'intérêt pour tous types d'activités. Il est notable également que les personnes ayant des antécédents de dépression sont également plus susceptibles d'être physiquement inactives.

L'état dépressif favorise aussi une consommation excessive d'alcool. Il s'agit d'une augmentation des doses pour celles et ceux qui ont l'habitude d'en consommer modérément mais de façon chronique (du vin au repas ou un apéritif le soir). Ou bien de prises aiguës, par crise, menant à des états d'ivresse, que l'on soit seul ou accompagné. L'alcool est alors utilisé comme une automédication pour lutter contre l'anxiété qui s'associe souvent à la dépression, mais aussi directement contre l'état dépressif, l'alcool ayant un pouvoir désinhibiteur et euphorisant. Hélas, en plus de ses autres effets délétères, l'alcool provoque un effet rebond, c'est-à-dire qu'il réactive le lendemain l'angoisse qu'il a éteinte la veille et a sur le long terme un fort pouvoir dépressiogène (générateur de dépression).

Parfois, manger en excès s'inscrit dans une conduite agressive envers soi-même. Cette forme d'auto-agression s'inscrit dans le domaine plus vaste du dégoût de soi fréquemment observé chez les personnes déprimées. Éva : « Je mangeais n'importe quoi, sans plaisir, ou alors celui de me salir. Je m'assimilais à un vide-ordures. » « Vide-bouteille » pour certains, comme Paul qui a noyé sa dépression dans des prises d'alcool considérables, à l'origine aussi de surpoids.

Parmi les autres mécanismes de prises de poids consécutives à un état dépressif, citons les épisodes d'hyperphagie boulimique qui sont plus fréquents dans cette catégorie de population.

La régression fait habituellement partie des états dépressifs prolongés. C'est particulièrement visible dans les dépressions chez l'enfant, que l'on voit alors revenir à un stade de développement antérieur : son niveau de langage peut baisser, il refait pipi au lit alors qu'il était continent ; son niveau cognitif régresse, d'où des difficultés scolaires ; il fait des bêtises qu'il ne faisait plus. Chez l'adulte, c'est moins évident à percevoir, si ce n'est par un laisser-aller à des plaisirs peu élaborés, notamment celui de consommer des aliments frustes et souvent à fort pouvoir calorique. La personne déprimée va renoncer à se préparer, et encore moins à préparer pour autrui des « bons petits plats ». Elle va retrouver le goût des enfants pour les féculents, les laitages, les sucreries, bref tout ce qui s'avale et se digère sans effort, les aliments que l'on mâche à peine, que l'on tète plus qu'on ne les mastique.

Le vécu dépressif des personnes qui jusqu'alors exerçaient un grand contrôle sur elles-mêmes conduit à un laisser-aller d'autant plus remarquable. C'est d'ailleurs cette excessive maîtrise de soi, trop coûteuse en énergie psychique, qui a induit la dépression. Ce « lâchage » se traduit notamment par un comportement alimentaire déchaîné survenant après une période de restriction cognitive très rigidement menée.

Pourtant, ce vécu dépressif rend certaines femmes plus accessibles et disponibles. La dépression leur confère une plus grande humanité et laisse apparaître une vérité intérieure masquée jusque-là par des comportements de façade qui n'avaient d'autres buts que de la mettre à l'abri. Si la dépression est l'occasion d'une acceptation de soi, de ses forces, mais aussi de ses faiblesses, si elle permet de diminuer les exigences d'un perfectionnisme tyran vis-à-vis de soi-même, elle peut offrir un rééquilibrage avec un retour à un poids standard et un bien-être supérieur.

Une dépression est occasionnée par une perte : d'une personne (deuil, chagrin d'amour, perte d'un ami), d'un emploi, d'un passé (déménagement, adolescence), d'une identité (adolescence, ménopause, changement physique dû à un accident), de ses idéaux, de ses croyances, de ses espoirs ou, dans les dépressions majeures, la perte de soi-même (quand on ne se reconnaît plus). Manger, dépendre de la nourriture est une façon de compenser « concrètement » cette perte réelle, imaginaire ou symbolique.

Enfin, le surpoids occasionné entretient l'état dépressif par la mauvaise image qu'il donne de soi-même, renforçant la mésestime de soi propre à l'état dépressif. Mais c'est également l'attitude de rejet de l'entourage et de la société, qui accentue encore cette mésestime et donc la dépression. La stigmatisation de ceux qui ont un excès de poids peut affecter leur estime de soi et nuire à leurs efforts pour maigrir.

Le dépistage et le traitement de la dépression sont bien sûr primordiaux avant tout régime, de quelque nature qu'il soit.

Le rôle des médicaments

Les traitements médicamenteux de la dépression sont parfois susceptibles de provoquer une prise de poids. Si ce n'est pas ou peu le cas des antidépresseurs qui inhibent la recapture de la sérotonine (Prozac, Deroxat, Floxyfral, Seroplex, Divarius, Zoloft, Ixel, Cymbalta), c'est en revanche le cas des antidépresseurs tricycliques, qui sont les plus anciens et qui restent remarquables en termes d'efficacité, mais qui peuvent entraîner la prise de plusieurs kilos. Cependant, celle-ci doit être relativisée car ces médicaments permettant une disparition des symptômes de la dépression, les différents facteurs propres à la maladie et nourrissant la prise de poids s'évacueront.

Certaines dépressions s'inscrivent dans le cadre de troubles bipolaires. Ce sont des dépressions qui évoluent par cycles, provoquées par des facteurs déclenchants qui peuvent être minimes, associant des états dépressifs à des épisodes euphoriques. On prescrit souvent dans ces cas des régulateurs de l'humeur tels que le lithium ou le Dépakote, qui peuvent aussi entraîner un peu de prise de poids.

Des neuroleptiques sont parfois prescrits comme régulateurs de l'humeur ou pour apaiser des troubles anxieux ou des idées pseudo-délirantes qui accompagnent parfois les dépressions majeures. Les neuroleptiques occasionnent des prises de poids pouvant atteindre jusqu'à vingt kilos.

Avant d'aborder le traitement de la dépression en dehors des médicaments, considérons deux états particuliers en lien étroit avec la dépression : le deuil, qui emprunte les habits de la dépression pour s'exprimer, une fois passée la période de déni et de colère ; et l'état maniaque, ou la manie, qui est l'exact contraire de la dépression dans ces signes, associant euphorie, insomnie, agitation et un déferlement de paroles. En fait, manie et dépression sont les deux faces d'une même pièce et coexistent dans la maladie bipolaire (dite anciennement « psychose maniaco-dépressive ») où l'on peut observer des alternances à des rythmes variables d'état dépressif et d'état maniaque.

La manie

Liliane, depuis plusieurs jours, dépense sans compter. Ce ne sont pourtant pas les soldes. Son entourage ne la reconnaît pas. D'habitude elle n'est jamais à découvert. Cette fois, son conseiller bancaire lui a téléphoné pour la mettre en garde. Mais elle l'a envoyé « promener ». Elle se montre en effet particulièrement familière ces derniers temps, usant d'un humour volontiers déplacé. Elle se croit tout permis, se plaignent ses voisins, quand elle met de la musique très fort à l'heure où les gens dorment. Car elle se couche de plus en plus tard. Elle a pris quelques kilos, elle qui jusqu'alors faisait attention à sa ligne. Tout se passe comme si elle envoyait par-dessus bord toutes les formes de contrainte. Liliane fait un épisode maniaque.

La manie sur un plan médical n'a rien à voir avec le terme « maniaque » qui désigne les personnes très ordonnées. Ce serait plutôt le contraire tant leur conduite apparaît désordonnée. Durant ces épisodes, plus ou moins intenses, on observe une humeur euphorique, un comportement débridé, notamment sur le plan des conduites alimentaires, pouvant aller jusqu'à de la gloutonnerie avec parfois des prises de toxiques comme l'alcool, une réduction du temps de sommeil, des propos cyniques, une désinvolture, une agressivité en cas d'obstacle imposé par autrui à son sentiment de toute-puissance, etc.

Un traitement médicamenteux antidépresseur peut déclencher, par un renversement de l'humeur, un épisode maniaque. L'état maniaque se soigne par des neuroleptiques auxquels on peut ajouter des thymorégulateurs (régulateurs de l'humeur) en traitement de fond. Si l'état dépressif coupe l'envie de manger, la manie au contraire se caractérise par un débordement instinctuel, un relâchement à table entraînant des kilos émotionnels auxquels s'ajoutent ceux induits par les médicaments

Mais la manie n'est pas toujours apparente sous forme de crise. Au même titre que certaines personnes évoluent avec un fond dépressif chronique, d'autres sont hypomanes. Ce sont des personnes souvent sympathiques, qui semblent partantes pour tout mais qui ne vont pas au bout des choses par manque de rigueur, de persévérance et par une difficulté à supporter les contraintes et les frustrations. Toutes les personnes hypomanes ne sont pas en surpoids mais, chez elles, le primat du plaisir, le refus des contraintes (celle d'une alimentation équilibrée comparativement à la facilité de la *junk-food* notamment) et le manque de sommeil occasionnent des kilos en excès.

Le deuil

On a vu que manger est une façon sommaire et archaïque de compenser une perte, quelle que soit sa nature. Dans la plupart des cultures, on mange après un décès. Le cannibalisme était une façon de démarrer le deuil en incorporant des organes d'un être cher, et notamment le plus chargé symboliquement, le cœur, à la fois pour s'approprier ses qualités mais aussi pour continuer de lui donner vie. Dans la religion chrétienne, c'est le corps du Christ défunt que l'on avale avec l'hostie. C'est au *croque*-mort que l'on confie les corps défunts. Et un repas funéraire suit les enterrements. C'est l'occasion de se réunir, de montrer que la vie continue au travers de l'acte vital de manger mais aussi symboliquement de manger le disparu.

À l'occasion d'un deuil, il n'est pas rare que l'on perde du poids. Le chagrin coupe l'appétit de vivre et de manger. On se « ronge les sangs ». La dépression qui accompagne la plupart des deuils peut occasionner, on l'a vu, des variations de poids à type de perte ou à type de gain. « Quand j'ai perdu mon père j'ai maigri de treize kilos. Je n'avais plus que la peau sur les os. Je ressemblais à un cadavre », nous livre Antonin. Perdre du poids peut correspondre psychologiquement au désir de faire corps avec le défunt, une manière de s'identifier à lui dans une démarche d'empathie extrême. À l'inverse, et parfois à la suite de ce premier mécanisme, une prise de poids peut s'expliquer par une opération psychique d'incorporation du disparu : « Un an et demi après son décès, poursuit Antonin, j'ai repris mon poids initial et même au-delà. Les quatre kilos supplémentaires que j'ai pris se sont logés dans l'abdomen. J'ai désormais la même petite brioche que feu mon père. »

Comment guérir de la dépression

Une dépression est affaire de spécialiste. Encore faut-il la repérer. Votre médecin traitant est à même d'en faire le diagnostic et de vous adresser à un psychiatre. Mais il vous est aussi possible de consulter directement un spécialiste. Celui-ci, une fois confirmé le diagnostic, vous proposera des soins qui comprendront des entretiens réguliers dans le cadre d'une psychothérapie, éventuellement associée à un traitement médicamenteux. Mais cette prise en charge ne doit pas vous empêcher d'agir directement sur vous-même.

Toute dépression renvoie à une perte

Si vous êtes victime de la perte d'un ami, d'un amour ou d'un travail, ne jugez pas négativement tout ce temps passé avec lui, avec elle ou le travail accompli. On ne doit pas juger une histoire uniquement sur sa fin. On ne considère pas que la vie est un échec du seul fait qu'elle s'achève avec la mort ! Si l'histoire a existé, et qu'on y a cru, quels que soient sa durée et son achèvement plus ou moins triste, on ne peut parler d'échec.

En cas de perte (une rupture amicale, une séparation amoureuse, un deuil, une fausse couche, un licenciement professionnel), on perd une partie de soi, mais on se retrouve aussi avec un « corps » mort à l'intérieur de soi, dont il faudra bien se débarrasser pour qu'un autre y prenne vie. Certaines personnes vont essayer de nier sa présence. Elles vont pour cela brûler des photos, jeter des objets, rompre avec des relations, déménager, bref couper toutes les voies du souvenir. Pas question d'en parler. Elles dressent autour de ce corps une enceinte étanche. L'inconvénient de ce refoulement est que cet objet mental obsédant et jamais expulsé va être traduit concrètement afin d'en débarrasser l'esprit. Et cette concrétion sera de la graisse (quand ce ne seront pas, hélas parfois, des cellules malignes).

Laisser vivre sa peine

Il importe donc de laisser aller sa peine et son désarroi sans les nier, de quitter le confortable nid du déni. Faire barrage à ses larmes, c'est prendre le risque de se noyer dans son chagrin.

Ne jetez rien dans un premier temps. Mettez dans des cartons, au fond d'un placard, à la cave, au grenier ou au garde-meubles ces photos et ces lettres ou confiez-les à vos parents. Ne déménagez pas tout de suite. Tout déménagement est un stress et vous êtes assez stressé comme cela. Mettez-vous au ralenti. N'acceptez pas de charges supplémentaires de travail sous prétexte que cela vous permettrait d'oublier. Cela vous empêcherait au contraire de vous épancher, et ajouterait de la fatigue à votre état d'affaiblissement général.

Il est vrai que la société ne nous aide pas dans ce domaine. Les rituels et les signes extérieurs de deuil ont été mis en berne. Toute rupture, tout échec est un deuil. Il est difficile de trouver des personnes disponibles pour écouter votre chagrin. On vous assénera en guise de réconfort qu'il faut oublier, aller de l'avant, qu'« un de perdu dix de retrouvés », que vous referez un enfant, que vous retrouverez un travail, que les amis ne manquent pas, que vous repasserez ce concours… Et les larmes sont mal vues par l'entourage.

Pour dire sa peine, la seule façon d'être entendu est de dire que l'on se fait suivre par un psychologue ou bien que l'on prend des antidépresseurs. Pour que le chagrin soit entendu et pris au sérieux par l'entourage, il faut hélas aujourd'hui le médicaliser ! Se dire sous médicaments a remplacé dans le code de communication les larmes ou les habits de deuil. Mais cette médicalisation est un piège car elle cautionne le désinvestissement de l'entourage : « Moi, je ne saurais pas t'aider, tu devrais voir un psy » fait office de réponse au besoin de simple écoute et réconfort.

Se donner du temps

Accordez-vous du temps. Ne renoncez pas à trouver des oreilles attentives en plus des oreilles professionnelles pour écouter votre peine se dire. Une inconnue dans un café est parfois d'une belle écoute. Pensez, lisez, ne faites rien et laissez votre peine s'écouler. Mettez-vous en jachère.

Informez votre entourage, même s'il a du mal à l'entendre, que vous êtes malheureux et que vous allez fonctionner au ralenti pendant un temps. Donnez la consigne de ne pas prendre ombrage de votre air taciturne et précisez que vous n'êtes pas hostile au fait d'être un peu materné. Acceptez les aides ponctuelles, les mains tendues, les propositions de dîner, les sorties, mais en échange demandez l'autorisation d'être un peu ailleurs et pas toujours concerné par ce qui se dira ou se fera.

Inutile de chercher à vous montrer fort car on risque alors à nouveau de se reposer sur vous et vous n'avez pas besoin de cela. Certes, s'occuper des autres permet de s'oublier soi-même et de moins souffrir en apparence, mais il ne faut justement pas vous oublier, et différer sa souffrance n'a jamais permis de guérir. Restez sourd aux conseillers et à votre propre raison qui ne connaissent rien à votre cœur et qui vous poussent à toujours faire davantage, à aller de l'avant, à ne pas craquer et à montrer le meilleur de vous-même.

Inspirer du bien-être

Le temps de pause accordé, laissez revenir progressivement la joie de vivre en vous. Connaître et reconnaître sa douleur la dissipe, connaître et reconnaître sa joie la développe. Vous avez appris pendant ce temps de repli à relativiser et à faire la part des choses. Vous allez désormais pouvoir vous ouvrir aux autres.

Après avoir fait expirer votre douleur, il vous faut inspirer du bien-être pour respirer la joie de vivre. Rechercher les occasions de joie, de bien-être ou de bonheur que vous avez laissées échapper dans votre existence vous permettra de repérer quels auraient été les moyens de les retenir. Retrouvez le désir et vos désirs. « Pour qu'il y ait du désir, il faut un appel au-delà du connu des habitudes », écrit Françoise Dolto. Aventurez-vous hors de vos sentiers battus. Accordez un espace à l'inhabituel. Souscrivez aux propositions que vous décliniez uniquement parce que vous aviez des corvées à faire chez vous. Transgressez vos habitudes. S'épanouir, c'est découvrir des pouvoirs nouveaux. Expérimentez-vous dans des domaines que vous ne connaissiez pas. Essayez ! N'a de plaisir que celui qui s'en donne.

Offrez-vous-en ! Faites-vous du bien en pensée comme en action. Apprenez à vous materner et à vous paterner. Partez à la quête de souvenirs anciens ou plus récents, anecdotiques ou plus conséquents, des souvenirs agréables qui vous détendent, vous amusent ou vous réchauffent le cœur. Remémorez-vous tout ce qui a été source de joie et tous vos succès en quelque domaine que ce soit.

Activez également votre corps qui a été si ralenti pendant les temps les plus pénibles de la dépression. L'activation physiologique décuple le ressenti émotionnel. Aussi, pour retrouver la dynamique d'émotions positives, activez votre organisme. La pratique d'un sport est conseillée à condition qu'il vous plaise réellement comme toutes les activités qui peuvent vous faire vibrer. Essayez-en plusieurs, et ne vous sentez pas obligé de continuer si l'ennui vous gagne. Éveillez votre sensorialité également : sentez, goûtez, touchez, écoutez, observez ce qui se présente à vous et allez à la découverte de parfums, d'aliments, de matières, de musiques et d'images inédits.

Laissez la bonne humeur vous gagner. Vous commencerez, de façon volontaire, par accepter de prendre plaisir aux différentes circonstances de la vie en cessant de penser à hier ou à demain, et de vous concentrer sur le moment présent. D'avoir vécu les difficultés de l'existence doit vous rendre plus ouvert aux joies simples. Ne courez plus après le « toujours plus » et appréciez les moindres plaisirs.

Percevoir ce qu'il y a de bon en chaque heure, c'est cela, le secret du bonheur. Imaginez qu'une caméra filme votre existence : chaque séquence de votre quotidien gagne alors en importance et devient un moment unique. Offrez-vous du temps. Intervenez positivement autour de vous pour que votre cadre de vie et votre entourage interagissent avec votre bien-être. Veillez donc sur votre état de santé, vos conditions d'exercice professionnel, votre habitat, vos amis, votre conjoint, vos parents… Agissez sur votre apparence (vêtements, allure, maquillage, coiffure) car elle aura un impact sur votre moral ainsi que sur la façon dont les autres entreront en interaction avec vous. Faites priorité dans les décisions à prendre au quotidien à celles qui vont dans le sens de votre mieux-être. Réfléchir à votre bonheur doit devenir pour vous une affaire de la plus haute importance. Écoutez pour cela les conseils que vous donneriez à votre meilleur ami. Ne résistez plus au bonheur, ce n'est ni futile ni égoïste. Déculpabilisez-vous d'être heureux. Votre malheur n'est utile à personne. Et si vos chagrins passés vous empêchent encore de retrouver la joie, pensez à tous les malheurs auxquels vous avez échappé.

Un dernier mot : pour atteindre le bonheur, il faut l'inventer. Ne prenez donc pas exemple sur celui des autres, cela vous inhiberait. Créez votre propre bonheur à partir de votre propre vibrato émotionnel.

10

Améliorer l'image de soi

Un peu de volonté

Bien sûr, la perte de poids, contrairement à une idée trop longtemps véhiculée, n'est pas simplement une affaire de volonté. Et les personnes en surpoids ne sont pas moins volontaires que les autres. Cependant, le refus absolu de toutes contraintes conduit à faire des courts-circuits dans tous les domaines de la vie. Dans le domaine alimentaire, à trop vouloir manger sur le pouce, à ne pas faire l'effort (effort qui deviendrait un plaisir si on s'accordait le temps) de cuisiner, de dresser la table et de s'installer confortablement pour déjeuner ou dîner, on avale plus qu'on ne mange. Les plats préparés qu'il suffit de réchauffer en deux minutes au micro-ondes, les fast-foods, les chips à portée de main dans n'importe quel distributeur nous conduisent, par flemme, à consommer bien au-delà de ce dont notre corps à besoin. D'autant plus qu'en s'affalant devant la télé, on ne prête pas attention aux quantités qu'on ingurgite.

Si la volonté est en jeu dans la mise en place d'un régime, elle ne doit pas pécher par excès. C'est avant tout une question d'endurance. Le projet d'amaigrissement gagne à s'installer dans la durée et non pas dans le « tout, tout de suite ». Il faut que notre psychisme ait le temps de s'habituer et d'accepter la nouvelle image de soi qu'on lui propose. Il faut aussi ne pas être démotivé par un échec dû à un objectif inatteignable. Souvent, on perd vite du poids les premiers temps et, par un effet rebond, on en reprend aussi vite. Il faut du temps pour comprendre peu à peu la signification de sa façon de s'alimenter, pour modifier ses comportements alimentaires, trouver d'autres sources de plaisir ou d'autres modalités d'expression de ses émotions.

On définira alors des objectifs limités et ce n'est que petit à petit que l'on progressera. Faire un régime ne doit pas brutaliser l'organisme. Il ne s'agit pas de le brider, de le punir, mais de le désaccoutumer. Débutez par un objectif de perte de 5 % à 10 % de votre poids. Et donnez-vous comme rythme par exemple cinq cents grammes par semaine, soit deux kilos par mois. Le programme diététique consistera à réduire de cinq cents calories par jour son apport énergétique tout en associant des exercices physiques agréables dans la semaine. Vous pouvez aussi tenir un carnet où vous noterez l'évolution de votre poids, éventuellement vos apports caloriques, comme on tient un carnet sur les émotions et leurs activateurs de la journée [1].

Une fois la perte de 5 à 10 % obtenue, on reste vigilant dans le but cette fois de maintien du poids. Au bout de plusieurs mois de maintien, on peut envisager une nouvelle cure de perte si l'on est toujours en surpoids, mais on procédera toujours de façon progressive avec un objectif limité.

Avoir de la volonté, c'est aussi travailler sur soi pour

1. Voir le chapitre « Repérer ce qui nous pousse à manger ».

comprendre les raisons qui nous empêchent de perdre du poids malgré des régimes divers et variés. C'est rechercher les mécanismes inconscients qui nous empêchent de nous débarrasser de cette enveloppe graisseuse qui est extérieure à notre identité. C'est également entreprendre des exercices physiques ou d'autres activités qui sont autant d'autres formes de nourritures, qui, elles, n'occasionnent pas de surpoids. C'est s'alimenter sainement, prendre du temps pour le repos, connaître ses propres limites, être attentif à ses ressentis et à ses changements d'humeur, partager avec autrui ce que l'on éprouve, c'est ne pas s'oublier au profit de tous les autres. Enfin, c'est accepter de se faire aider par son entourage ou par des professionnels.

Le principal moteur de la volonté, c'est la motivation. Gagner en volonté est plus aisé si on gagne en motivation. Et la motivation est une affaire d'émotions.

Gagnez en motivation

Le manque de motivation est l'une des principales causes d'échec des régimes (quel que soit son type) et de la perte de poids en général.

Les origines de ce manque de motivation sont à rechercher dans le champ des émotions.

Ce sont des échecs répétés qui découragent. Ils portent atteinte à l'estime que vous avez de vous-même, dans votre compétence à lutter contre ce que vous considérez comme une faiblesse, une défaillance, un défaut, voire un vice. À force de reprendre du poids, vous allez vous juger nul, incapable, sans volonté, faillible. Et cette mésestime de soi va gagner possiblement d'autres domaines que le strict champ du comportement alimentaire. C'est dans votre globalité que vous allez vous méjuger. Moins vous allez croire en vous, moins la motivation sera présente. C'est pourquoi il ne faut pas vivre ce projet comme un combat ou un devoir scolaire que l'on peut rater et sur lequel on sera jugé ou noté, mais plutôt comme une initiative personnelle, une recherche de plaisir, et le désir de trouver sa vraie nature enrobée de faux-semblant, camouflée sous une apparence trompeuse.

C'est avant tout une quête de soi dont il est question dans l'apprentissage ou la redécouverte du véritable plaisir à manger, à déguster, celle de la gourmandise pour remplacer la gloutonnerie. Mais aussi la découverte de toutes les émotions qui vous gouvernent et qui vous définissent en partie. Or partir à la quête de soi n'est pas une obligation, il n'y a pas lieu d'avoir peur d'échouer. C'est un voyage, une odyssée intérieure, où l'enjeu c'est vous et votre bien-être, et non le regard extérieur. Pour gagner en motivation, changez la définition de votre projet : il ne s'agit pas de perdre du poids mais de gagner en plaisir et en connaissance de soi.

Le manque de motivation, c'est la difficulté à imaginer et à anticiper celui que vous pourriez devenir en étant mince. Prenez le temps de vous allonger et de rêvasser à la personne que vous seriez dans les différentes circonstances de la vie. Mais la perte de kilos émotionnels ne se résume pas à être le même en plus mince. Imaginez-vous métamorphosé en une personne moins stressée, moins triste, moins colérique, moins frustrée, etc. Peut-être l'avez-vous été dans une période passée et vous n'avez pas le souvenir, depuis, d'avoir été plus heureux.

Autour de vous, des personnes minces n'offrent sans doute pas l'image du bonheur, ne serait-ce que dans les contraintes qu'elles s'imposent pour se restreindre en permanence. Vous avez raison de ne pas prendre modèle sur elles, mais plutôt sur des personnes qui ont toujours été suffisamment minces car c'est à celles-ci que vous ressemblerez quand vous aurez perdu vos kilos émotionnels. En effet, ce n'est pas en vous restreignant que vous les perdrez, mais en retrouvant celui que vous auriez dû être sans ces facteurs qui ont dérégulé votre comportement alimentaire, parfois dès les premières années de votre existence.

Enfin, derrière un manque de motivation général, l'hypothèse d'un état dépressif doit être posée. Cet état donne une vision sombre de l'existence et de l'avenir, et s'accompagne d'une démotivation globale associée à une humeur morne et une sensation de fatigue. Nous avons vu, dans le chapitre sur la dépression, ses liens avec le poids et les moyens de la combattre.

Pour gagner en motivation, il est souvent nécessaire d'avoir confiance en soi, en sa capacité de réaliser ses objectifs. Le manque de confiance en soi favorise le repli sur soi, le renoncement, la frustration et, en conséquence, les kilos émotionnels. La mauvaise image que l'on a de soi pousse à se cacher sous les kilos, à entretenir une apparence que l'on juge négative, ou à s'agresser en mangeant excessivement.

Nous sommes construits par des mots

Les enfants, sans être assimilables à de la pâte à modeler, sont sensibles aux désirs de leur entourage. Et les discours répétés sur eux les influencent dans la construction d'eux-mêmes. Ainsi des compliments vont donner à l'enfant une bonne estime de soi et le rendre plus assuré. À l'inverse, des critiques réitérées vont être intégrées par l'enfant comme des vérités. À force de dire à un enfant qu'il est maladroit, il finit par le devenir véritablement. Enfant, quand ma mère, inquiète pour sa progéniture, me disait, chaque fois que je faisais du vélo : « Attention tu vas tomber », immanquablement je tombais quelques mètres plus loin – comme si, ne serait-ce qu'inconsciemment, je ne pouvais pas lui donner tort.

Les enfants cherchent volontiers à satisfaire leurs parents sur le long terme. Y compris dans les reproches qu'ils entendent comme des injonctions. Dans les situations de divorce, les parents ne sont pas toujours objectifs. Il n'est pas rare qu'une mère reproche à son fils d'être « comme son père » pour chaque bêtise qu'il fait. Mais le risque, c'est que le fils, qui cherche à ressembler à celui que sa mère a choisi pour lui donner la vie, prenne modèle non pas sur le père tel que lui le voit (surtout s'il ne le voit que deux week-ends par mois), mais sur ce que sa mère dit de lui, c'est-à-dire en l'occurrence sur un tissu de défauts et de maladresses.

Bien sûr il y a des formations réactionnelles, et des enfants vont chercher à démontrer à leurs parents qu'ils ne sont pas ce qu'on dit sur eux. Mais c'est au prix d'un conflit psychique et d'un conflit de loyauté qui peuvent se traduire par des kilos émotionnels. Et quand on se construit en s'opposant, on reste construit en référence à un discours parental. Donc que l'on fasse ce que l'on nous dit ou le contraire, on reste sous influence. Évidemment, quels que soient les compliments, il y a des compétences qui n'apparaîtront pas malgré les croyances, les illusions ou les encouragements de l'entourage. Il n'empêche, l'enfant ira au bout de ses compétences et gagnera en confiance en lui.

Heureusement, contrairement à une idée répandue, tout ne se joue pas avant trois ans, six, ni même trente ans. En effet, on peut changer à tout âge, même si on n'a plus la même souplesse, la même plasticité que dans l'enfance. Certes, notre stock de neurones n'augmente plus, mais les circuits mis en place et qui déterminent nos compétences, nos stratégies de comportement, et l'image qu'on a de soi notamment, ne sont pas inamovibles. Les connexions entre les neurones peuvent s'établir et se défaire à tout âge.

Devenez votre propre parent

Analysez les origines des croyances que vous avez sur vous pour les déraciner. Si vous ne vous aimez pas, n'est-ce pas, comme Octavine, parce qu'à la maison il n'y en avait que pour votre frère aîné porté aux nues par père, mère, et les autres membres de cette famille où le fils aîné a toujours été surestimé ? Et que vous vous êtes sentie rejetée, défavorisée ? Parfois le rejet est partiel et compensé par un lien affectif privilégié. N'étiez-vous pas, en contrepartie, la favorite de la grand-mère ?

En revanche, certains rejets sont réels, marqués et généraux. Il faut en prendre son parti. Mais si vos parents, par leurs carences, leurs égoïsmes ou leurs difficultés personnelles, n'ont pas été à la hauteur de leur fonction et ont gâché en partie votre enfance, ce n'est pas une raison pour les laisser vous gâcher la vie tout entière. Dédouanez-vous d'eux, de leur discours, coupez les ponts affectivement. Vous n'êtes plus cet enfant maltraité. Vous êtes devenu quelqu'un d'autre. Vous êtes un adulte avec le même pouvoir qu'eux quand eux n'en ont plus aucun sur votre personne. Devenez votre propre mère, votre propre père et prenez le contrepied si besoin de ce que vos parents n'ont pas fait ou mal fait avec vous. « Rematernisez »-vous et « repaternisez »-vous. Dites-vous les choses positives qu'ils ne vous ont pas dites. Et, pour continuer de grandir, choisissez-vous d'autres modèles que vos géniteurs parmi votre nouvel environnement.

Imposez votre propre discours sur vous

Changer son image de soi passe par deux modes d'accès : des actions de surface et des actions en profondeur.

En surface, il faut remplacer le discours parental par son propre discours : se convaincre qu'on a les qualités que l'on aimerait avoir. Dites-vous à voix haute, face à un miroir, que vous êtes beau ou que vous êtes digne d'amour. Se complimenter chaque matin, se chouchouter aide à s'estimer. Ne laissez plus les autres coller des étiquettes sur vous. Quand des phrases sont lancées à la cantonade à votre sujet telle que « la paresseuse », « la baratineuse », « la mauvaise joueuse », reprenez-les au bond pour les contester. Repérez également vos surnoms qui en disent souvent long sur l'image que les autres vous collent. Rien ne vous interdit d'exiger que l'on vous appelle différemment, même si dans votre famille on vous appelle « ma bouboule » depuis des années.

Dans le même temps, décollez les étiquettes que vous vous attribuez, surtout quand vous commencez à vous décrire, et qui en général sont des dépréciations. Apprenez à répondre aux questions posées sur vous d'une autre façon que lapidaire. Prenez le temps de vous décrire. Entraînez-vous par écrit si besoin. Plutôt que répondre brièvement à votre interlocuteur, qui s'enquiert sur votre métier, que vous êtes aide-comptable à mi-temps, précisez les responsabilités qui sont les vôtres au travail comme à la maison. Par exemple : « Je travaille au service de la paie d'une entreprise de mode. Je m'assure que chaque employé, du styliste à la couturière, reçoit à temps la somme qui lui est due. Et chez moi j'aide mes enfants de huit et dix ans dans leur scolarité et les suis dans leurs activités sportives et artistiques. »

Imaginez une autre image de vous

Quand vous êtes allongé, pensez très fort à vous au point de vous représenter en imagination. Ensuite, comme avec une gomme magique, effacez toutes les parties que vous voulez changer physiquement chez vous. Imaginez-vous faisant des choses que vous n'avez jamais osé faire, disant des choses que vous n'avez jamais osé dire, en prenant éventuellement appui sur des personnes qui disent ou font ce que vous n'osez pas. Anticipez en imagination celui que vous voulez être. Retrouvez dans vos souvenirs les meilleurs moments de votre vie, la période où vous vous êtes le plus apprécié et accrochez-vous à ces images positives pour retrouver émotionnellement celui que vous pouvez être.

Agissez

Pour changer votre image de vous en profondeur, il faut vous engager sur les voies interdites d'accès par l'image que vous avez de vous. Acceptez de faire ce défilé de mode amateur organisé par le club de vacances où vous séjournez, bien que vous ne vous trouviez pas assez bien faite pour cela. Prenez des cours de natation, si vous ne savez pas nager, sans penser que vous êtes trop âgé pour cela. Écrivez votre roman, même si vous n'avez pas de chance d'être publié ; rien ne vous empêchera de le faire imprimer et de l'offrir à vos amis. Faites ce saut en élastique pour vous prouver que vous pouvez dépasser vos peurs.

Toutes ces actions vous aideront à acquérir une nouvelle opinion de vous-même et à modifier le regard des autres à votre endroit. Car, si l'on sait combien le regard que l'on a sur soi influence celui d'autrui sur nous, on oublie que la réciproque est vraie : le regard des autres change notre propre regard sur nous-mêmes.

11

Lâcher prise

Les personnes en surpoids, notamment en période de régime (mais pour certaines, les périodes de régime, c'est tout le temps !), sont fréquemment la proie de véritables obsessions. Les obsessions sont des pensées qui s'imposent à l'esprit et parasitent tout le champ de conscience, ne laissant place à aucune autre pensée ou émotion.

L'obsession concerne les kilos, les calories, ou le choix des aliments à manger. Si on ne pense pas à manger, on pense à ne pas manger. On pense aussi de façon obsédante aux aliments qui nous sont interdits. Quand on mange, on pense au nombre de glucides, de lipides que l'on assimile et à ce que cela représente en kilos. Quand on fait de l'exercice, on pense aux calories qui brûlent. La nuit, on rêve que l'on mange. « J'étais à une exposition de peinture, me confie Anne, en période de restriction calorique, et je ne repérais que les aliments sur les toiles. »

Et si ces obsessions cachaient quelque chose ? Quelque chose qui serait très éloigné du simple projet de maigrir ou de l'envie de manger ? Remplacer son cerveau par une balance calorique, par un menu de restaurant ou une liste de courses alimentaires évite de s'en servir pour autre chose.

L'objectif ne serait-il pas d'empêcher la survenue d'autres pensées considérées comme gênantes, en tout cas moins familières ? Des souvenirs, des désirs enfouis, des rêves frustrés, des sentiments interdits, des émotions trop fortes ou inédites, qui risqueraient de surgir si la place était laissée vacante par ces obsessions. Penser à manger ou à ne pas manger évite d'être à l'écoute de soi, de penser à soi, de se penser, par crainte de la nouveauté, de la nostalgie, des regrets, de l'amertume ou d'une éventuelle souffrance à court terme.

Chez d'autres, ce ne sont pas des pensées ou des émotions que retiennent ces obsessions mais, pire encore, c'est la vacuité, le vide, qui risquerait d'envahir le psychisme déserté. En effet, certaines personnes souffrent d'une inhibition de la pensée ou des désirs. Ce peut être un état transitoire, il s'agit du sentiment de vide si fréquent en cas de dépression profonde. Ce peut être un état plus profond, touchant des personnes qui, au cours de leur développement, ont fait le vide dans leurs pensées de crainte de laisser remonter des pensées qu'ils refoulent, des fantasmes, des idées, des souvenirs traumatiques, des désirs qu'ils réfutent comme certains désirs sexuels. À défaut de pouvoir faire le tri, et en raison d'une intolérance globale vis-à-vis de leur inconscient, le cerveau de ces personnes a tant refoulé leur imaginaire qu'il laisse une pensée aride dépourvue de fantaisie.

Libérez vos pensées

Si vous êtes dans ce dernier cas, il vous faut ne plus avoir peur de ce qui remontera à la lisière de votre conscience : vos pensées illicites, vos sensations refoulées, vos instincts écroués, vos aspirations délaissées. Acceptez de les accueillir en pensée avec tolérance. Vous n'êtes pas tenu de tous les exprimer, ni de les réaliser. Mais ayez au moins conscience de leur existence, ne serait-ce que pour connaître ce que vous ne voulez pas que l'on sache de vous, ce que vous ne voulez pas qui s'exprime de vous, pour mieux le contrôler, tout en n'étant pas dupe de vous-même. Et qui sait, le temps ayant passé, vous n'êtes plus dans la même situation qu'à l'époque où vous avez renoncé à telle émotion associée à telle action, à tels désirs ou pensées. Aujourd'hui le contexte a changé. Peut-être accepteriez-vous de libérez tel aspect de vous.

C'est après la mort de son père qu'Éléonore, à l'occasion d'un travail psychothérapeutique sur elle-même pour perdre du poids, réalisa qu'elle n'avait jamais été heureuse en amour. Elle se souvint alors de son premier amour, à onze ans, au Sénégal où son père travaillait comme coopérant. Un garçon de son âge. Quand son père réalisa son chaste attachement, il lui imposa de ne plus le voir, n'hésitant pas à lui dire qu'il n'était pas question que sa fille s'amourache d'un Africain. Elle respecta à la lettre cette sinistre consigne et ne connut que des échecs amoureux avec des hommes qu'elle ne désirait point. Le décès de son père et sa prise de conscience la libérèrent. Et si elle ne retrouva pas l'Adama de son enfance, c'est un homme portant le même prénom et originaire d'Afrique de l'Ouest qu'elle épousa, et uniquement pour le meilleur. En parallèle, elle se libéra de plusieurs kilos qui lui servaient sans doute à étouffer son chagrin et son désir. Et les kilos qui persistaient, par rapport à l'objectif qu'elle s'était fixé, ce n'est pas qu'elle ne les voyait plus (l'amour rend aveugle), mais ils ne la dérangeaient plus désormais.

Parmi les autres responsables de kilos émotionnels, il y a le besoin de tout maîtriser. Paradoxe en apparence, apprendre à lâcher prise est salutaire pour se libérer de son surpoids.

La femme de glace

« Elles se laissent aller ! » Les femmes obèses ou en surpoids sont habituées à ce type de réflexions, qu'elles leur soient adressées face à face ou dans leur dos. Le drame, c'est qu'elles finissent par y croire, et se considèrent comme des femmes manquant de volonté. En réaction, soit elles se laissent véritablement aller à des prises alimentaires anarchiques, soit à l'inverse elles renforcent le contrôle qu'elles exercent sur elles-mêmes, parfois jusqu'à se tyranniser. Pourtant, les femmes en hypercontrôle, que ce soit leur nature ou qu'elles le deviennent dans le but de perdre du poids, ne sont pas les moins menacées par la prise de poids. Loin s'en faut.

Vous êtes peut-être de ces personnes qui ont une telle force de caractère qu'elles sont capables de restreindre leurs sources de plaisirs sur une longue durée si elles considèrent que ces plaisirs sont préjudiciables à l'image qu'elles ont d'elles-mêmes. Ces femmes de glace ont une grande capacité à mettre de côté, à réfrigérer leurs envies au service d'une cause. Cette exigence vis-à-vis de soi-même se retrouve volontiers dans d'autres domaines : sportif, professionnel, familial. On peut compter sur elles. Elles maîtrisent leur tenue, leur comportement et bien sûr leurs émotions. Celles-ci sont placées sous l'éteignoir de la volonté et finissent par s'étouffer peu à peu. On assiste alors à une sorte de robotisation. Les affects se prennent dans la glace de la rigidité. Ces femmes de glace apparaissent souvent froides au premier abord. Elles ne vont pas se plaindre, ni demander de l'aide facilement. Elles sont en combat permanent contre elle-même. Leur surmoi, le Jiminy Cricket de notre conscience, celui qu'on pourrait désigner comme notre conscience morale, est particulièrement oppresseur.

Quand cette maîtrise de soi est mise au service d'une restriction alimentaire, les résultats dans un premier temps ne se font pas attendre. Les avis des spécialistes et les règles de nutrition sont appliqués à la lettre. La femme de glace mange ce qui est indiqué quand bien même il s'agit (et c'est souvent le cas) d'aliments qu'elle n'aime pas, par exemple des nutriments protéinés, ou bien qu'elle aime mais dont elle n'a pas envie ce jour-là. Certains de ces aliments n'ont plus grand-chose à voir avec les produits qu'elle consommait jusqu'alors : poudres à diluer, constituants séchés à réhydrater, barres protéinées, liquides nourrissants. Rien qui évoque dans la forme ou le goût, souvent insipide, les plats ou les ingrédients appréciés. D'autre part, elle s'interdit de façon absolue des aliments qu'elle affectionne, voire qu'elle adore, quand elle en a envie.

Rupture avec soi-même

Au fil du temps, ces personnes volontaires s'imposent une véritable rupture avec ce qu'elles aiment, avec leurs sensations, leurs perceptions, avec leurs envies. Finalement, elles rompent avec ce qu'elles sont. Elles deviennent sourdes à leur langage intérieur. Elles se dissocient d'elles-mêmes.

Ce nouveau corsetage ne concerne pas seulement les relations avec soi-même, mais aussi avec les autres. La femme en hypercontrôle va limiter les fréquentations avec ses amies pour éviter les repas en commun, les « bonnes bouffes » qu'on fait les unes chez les autres ou à l'extérieur, tant les repas sont le principal lieu de rencontre social. C'est également vrai avec les collègues de travail avec lesquels elle évitera notamment de déjeuner. Ce faisant, en sus de son être profond, elle se dissocie de son être social et des émotions qui lui sont propres. À force de ne plus entendre son être intérieur, on finit par ne plus le comprendre, et à ne plus le voir à force de ne regarder que son devoir.

Retour au tout en un

C'est alors que tout peut basculer en une immense régression. L'enfant, en pleine évolution, apprend au cours de son développement, grâce à ses parents, à distinguer ses différents manques et désirs, ses différentes sensations et perceptions agréables et désagréables, comme la faim, le besoin de sommeil, la douleur physique, la peur, la tristesse, la joie, la colère, l'envie d'être regardé, d'être touché, de communiquer.

Dans le cas d'un hypercontrôle, c'est exactement l'inverse qui se produit : on assiste à une tragique déprogrammation. Le « tout en un », propre au nouveau-né, est de retour. L'indéfini fait son come-back. Le langage intérieur n'a plus qu'une seule lettre à son alphabet. Toutes les sensations et les manques se résument en un : la faim. Que ce soit la faim de nourriture, de sommeil, de tendresse, de soulagement, de réconfort, de réassurance, de confrontation. Et la personne réagit avec elle-même comme une mère déprimée avec son nourrisson qui, sans chercher à savoir ce qui se cache derrière les pleurs de son bébé, interpréterait systématiquement ses cris comme des cris de faim et lui donnerait sans mot dire le biberon.

Manger devient le mode de réponse univoque à tous les vibratos émotionnels car il est aisé et que l'obsession à ne pas manger a mis la nourriture sur le devant de la scène mentale. Quand la personne en hypercontrôle déroge à ses règles et commence une prise alimentaire non réglementaire, elle ne perçoit plus les messages de satiété et peut manger sans limite parfois de façon boulimique. Et les occasions de craquer augmentent en puissance à mesure que la dissociation avec le moi sensoriel s'installe. Car, alors, tout fait ventre ! La peur, la fatigue, toutes les émotions de joie, de colère, de déception, de surprise, de tristesse, les désirs sensuels ou sexuels sont interprétables comme de la faim d'aliments et poussent à ouvrir une fenêtre dans cet univers carcéral. Mais une fois entrouverte, le courant d'air peut devenir bourrasque : on répond alors à tous les types de manques ou de sensations conglomérés et l'on fait des réserves de bien-être de crainte de ne plus en avoir.

Que faire ?

Les techniques de relaxation que j'ai indiquées pour combattre le stress sont aussi très utiles pour apprendre à lâcher prise. Elles reposent sur les liens directs entre l'esprit et le corps.

Les techniques d'hypnose que l'on peut appliquer à soi-même (autohypnose) sont aussi très efficaces. Lorsque nous sommes en état dit « de transe hypnotique », les muscles du corps se détendent, la fréquence cardiaque baisse, la respiration devient lente et profonde. Les pensées deviennent plus abstraites et sont orientées sur les sensations, les images, les odeurs. Elles sont plus libres, non contrôlées.

Lâcher prise implique de prendre des risques, celui de ne plus contrôler. Mais le contrôle absolu n'empêche pourtant pas le danger et d'ailleurs, un contrôle total n'est pas possible. C'est un leurre : on peut contrôler son corps, certes, tant qu'il ne tombe pas malade, mais quel contrôle véritable avons-nous sur les êtres et le cours des choses ? Une analyse personnelle est alors à faire entre ce que l'on peut vraiment contrôler et ce qu'il est illusoire de vouloir contrôler, mais aussi ce que l'on ne peut contrôler mais que l'on peut influencer.

Lâcher prise, c'est diminuer la fréquence des « il faut » et des « je dois » que l'on s'inflige à longueur de journée. C'est renoncer à la perfection au profit du bien-être, c'est renoncer à expier pour considérer que vivre, c'est aussi prendre du plaisir, quand bien même nos parents n'auraient eu de cesse que nous devenions uniquement des personnes de devoir. Et si l'on n'y parvient pas, s'obliger à ne rien faire au moins quelques heures par semaine, en considérant que c'est indispensable pour rester efficace. Et on peut espérer que vous y prendrez goût et surtout si vous réalisez que le monde continue de tourner… même quand vous restez assise ou allongée.

Lâcher prise, ce n'est pas renoncer à son but. Au pire

c'est le différer. Mais cela reste un moyen d'y parvenir. C'est le roseau qui accepte de plier sous le vent au contraire du chêne pour ne pas se rompre, c'est le nageur qui se laisse emporter par le courant qui l'emmènera au large d'où l'on pourra aller le sauver plutôt que s'épuiser au péril de sa vie à nager à contre-courant, c'est celui qui ne se souvient plus de ce qu'il veut dire et qui le retrouve quand il renonce à le faire sortir de force de sa bouche.

Lâcher prise implique de faire confiance, en partie du moins, à soi-même, aux autres, « au sort », diront les superstitieux. Et l'origine de ce besoin de tout contrôler vient parfois du manque de confiance que l'on avait vis-à-vis des personnes qui nous ont élevés et qui ne se sont pas révélées fiables. Mais à rester sans cesse accroché, on n'avance pas bien dans la vie. Lâcher prise, c'est accepter de plonger, ce qui n'interdit pas d'évaluer au mieux l'endroit où l'on plonge.

Lâcher prise permet de jouir davantage. Le contrôle de soi donne l'illusion de pouvoir échapper à la douleur et aux mauvaises surprises, mais il empêche aussi les bonnes : beaucoup de problèmes sexuels dans la capacité à jouir (anorgasmie chez les femmes, éjaculation précoce chez les hommes) viennent de cette difficulté à se laisser aller au plaisir sexuel sans contrôle de la pensée.

12

S'affirmer sans grossir

Les kilos carapace

Parmi les différentes origines et fonctions des kilos émotionnels, certains servent de carapace. Ils ont été élaborés par l'inconscient dans une visée protectrice contre les agressions extérieures. C'est un mécanisme de protection qui se met généralement en place dans l'enfance ou à l'adolescence, mais il peut s'installer à tout âge.

Notre inconscient n'est pas raisonnable. Ou, du moins, ne raisonne-t-il pas comme notre pensée consciente. Il a un fonctionnement primaire, ne tenant pas compte des conséquences de ses ordres. Il peut conduire à prendre des risques inconsidérés pour échapper à une situation stressante. Dans le domaine qui nous intéresse, confronté à un malaise persistant ou à une situation bloquée, il peut conduire à stocker des kilos émotionnels si cela aide à éviter la situation en question, bien que la prise de poids soit préjudiciable.

Quand je reçois des personnes en psychothérapie, le travail consiste à retrouver l'origine de la mise en place de ce mécanisme de protection pour proposer à l'inconscient une autre issue au blocage. Il n'y a pas de temps dans l'inconscient. Et des mécanismes de protection mis en place dans l'enfance persistent à l'âge adulte, comme par habitude, bien que le malaise originel ne soit plus d'actualité. Il suffit alors de le percer à jour pour que le mécanisme se lève sans avoir besoin de le remplacer.

Les raisons de se caparaçonner ne manquent pas.

C'est d'une sœur aînée agressive et qui la rejetait que Mathilde eut à se protéger. Celle-ci la maltraitait dès que les parents avaient le dos tourné c'est-à-dire souvent, car, commerçants tous les deux, ils travaillaient sans compter les heures et l'aînée devait garder la cadette. Le terme « carapace » est à prendre au pied de la lettre pour Mathilde dont l'inconscient voyait dans cette enveloppe corporelle un moyen de parer les coups.

Alice, c'est de son beau-père, trop proche de ses trois belles-filles, qu'elle souhaitait se protéger. Alice se souvient que, sans être véritablement offensif, il avait des regards, des attitudes, des propos et une tenue nettement impudiques qui la mettaient mal à l'aise. Alors que sa sœur aînée devint coquette à outrance, ayant intégré que seul son corps la rendait intéressante, Alice tenta inconsciemment de se protéger des tentations masculines en se cachant derrière ses kilos. Mais son inconscient, ignorant de la sexualité masculine, n'avait pas prévu que ses rondeurs exciteraient autant la concupiscence, ce qui provoquait dans un cercle tout aussi vicieux une recrudescence des kilos émotionnels.

Pour se débarrasser de ces kilos carapace, il faut bien sûr dans un premier temps découvrir leur origine. À distance de la situation, la prise de conscience peut aider à s'en défaire, comme chez Déborah : « J'ai perdu mes kilos à la mort de mon grand-père. Il avait abusé de ma cousine germaine, je l'avais su, et j'ai compris que mes kilos qui étaient apparus ensuite pour ne plus me quitter faisaient office d'armure. À sa mort, je me suis sentie libérée de toute menace, et j'ai pu facilement m'en débarrasser. »

Il est aussi possible par un travail sur soi d'adopter d'autres modes de protection, parmi lesquels une attitude offensive de libération émotionnelle par la parole, l'expression écrite, par des actes (intentant un procès dans les cas de maltraitance par exemple), par une amélioration de l'image de soi et par l'affirmation de soi.

Retrouver sa confiance en soi

Retrouver sa confiance en soi, ou simplement la trouver pour ceux qui n'en ont jamais eu, participe de la lutte contre les kilos émotionnels. En effet, le manque de confiance en soi est une cause importante de prise de poids, isolément ou en association avec d'autres difficultés affectives.

Car manger est émotionnellement un moyen de se donner de la contenance. Prendre du poids est une façon métaphorique de prendre de l'importance, d'occuper plus de poids auprès des autres, de compenser physiquement ce sentiment d'insignifiance qui taraude mentalement. En outre, le manque de confiance en soi est un facteur limitant pour s'engager dans diverses activités, de loisirs ou professionnels, s'investir dans des relations d'amitié ou d'amour, bref il bride l'épanouissement personnel et les sources de plaisir. En cela il est source d'émotions négatives et de repli sur soi avec en particulier un recours à la nourriture afin de se consoler et d'apaiser son sentiment de frustration. En retour, l'embonpoint, qu'il soit ou non consécutif à un manque de confiance en soi, abrase cette confiance.

Dans la majorité des cas, l'origine du manque de confiance en soi émane d'un manque de soutien dans l'enfance. Il est difficile d'avoir confiance en soi quand nos parents n'avaient pas confiance en eux (et donc nous ont offert un modèle négatif) ou bien en nous et en nos potentialités. Mais les kilos émotionnels peuvent aussi être utilisés comme une tentative d'affirmation de soi.

Des kilos qui en imposent

Les kilos émotionnels permettent de « faire le poids ». De s'imposer. De prendre de la place socialement. En particulier quand on croit manquer de charisme ou de richesse intérieure.

C'est probablement la motivation inconsciente d'Adélaïde, une petite fille qui souffrait de passer inaperçue, notamment par rapport à ses frères et sœurs décrits comme exubérants, attirants ou performants. À l'adolescence, elle se lesta émotionnellement de kilos en excès qui lui donnèrent l'illusion d'occuper plus de place dans la famille, et d'être enfin « remarquable ».

Pour Célia, prendre du poids, c'était s'émanciper au sens large. Elle souffrait, en tant que petite dernière, d'une surprotection parentale. Son surpoids dans la grande enfance pouvait se comprendre comme une tentative de paraître aux yeux de ses parents plus « grande » ou plus « forte » pour qu'on ne la considère plus comme un « petit » bébé.

D'ailleurs, ce surpoids s'accompagna d'une puberté précoce.

D'autres veulent être pris au sérieux. C'est à l'entrée dans la vie active qu'Oriane gagna des kilos sans raison apparente. Belle femme, elle comprit que dans l'univers masculin de son entreprise de machines-outils, il lui fallait redoubler d'efforts pour être considérée à égalité par ses collègues et ses supérieurs hiérarchiques, et ainsi espérer la carrière à laquelle son ambition et sa compétence lui donnaient accès. En outre, il lui fallait éviter de mettre en avant sa grâce et sa beauté. Ce que son inconscient intégra en masquant ses charmes sous une enveloppe de graisse.

Cette affirmation personnelle par des kilos en excès ne touche pas profondément l'image qu'on a de soi, mais davantage l'image sociale que l'on renvoie. Ainsi Marine, comme beaucoup d'autres femmes dans sa situation, se voit, à l'occasion d'une séance de rêve éveillé, « comme une petite chose toute fluette dans un costume matelassé très épais ».

S'affirmer en s'opposant est une autre possibilité. C'est celle choisie par l'inconscient de Mylène dont la mère avait des exigences très précises concernant sa fille. Elle la voulait belle, c'est-à-dire pour elle très mince, élégante, spirituelle, coquette, à l'image des personnages des séries américaines qu'elle affectionnait. Mylène s'y opposa en devenant grosse et en se désintéressant de la mode et de toutes ces « fanfreluches » comme elle les nommait elle-même. Mais s'affirmer en s'opposant, c'est risquer de rester dépendante de sa mère dont on se contente de prendre le contrepied. Il a fallu aider Mylène à savoir qui elle voulait être véritablement, indépendamment des attentes de sa mère. Et si son projet était certes d'aller à l'essentiel, sans s'arrêter à la surface des choses, pour autant ce qu'elle souhaitait n'était pas d'avoir un poids hors norme ni d'être un épouvantail vestimentaire. Elle cultiva peu à peu ses qualités de franchise, son esprit terre à terre et concret, sa curiosité intellectuelle, tout en retrouvant une silhouette que l'on n'aurait qualifiée ni de mince ni de grosse, mais débarrassée en tout cas de ses kilos oppositionnels. Elle put ainsi, en outre, pratiquer avec plus d'aisance les sports extrêmes qu'elle affectionnait.

S'affirmer autrement

Pour vous libérer de ces kilos émotionnels qui visent à vous affirmer, il faut, une fois votre prise de conscience faite, mettre en œuvre d'autres méthodes d'affirmation de soi. Voici quelques pistes et beaucoup de conseils pour prendre du poids socialement sans grossir.

La règle d'or est de considérer que vous avez autant de droits que tout un chacun. Votre opinion a autant de valeur que celle de n'importe qui. De même que vos croyances, vos sentiments, vos envies, vos émotions. Vous avez aussi, comme tout être humain, le droit de ne pas comprendre tout de suite et de réclamer une nouvelle explication, de vous tromper (l'erreur est humaine), de changer d'avis (il n'y a que les imbéciles qui n'en changent pas), de ne pas rendre service à quelqu'un qui l'exige de vous, de ne pas être d'accord.

La parole est un des premiers outils qui nous aient été donnés pour s'affirmer. Prenez-la. Engagez la conversation quand vous êtes avec des personnes connues ou non.

Commencez par évoquer des choses anodines et non conflictuelles, comme le temps qu'il fait, puis parlez de vous. Intéressez-vous à l'autre sans aborder d'emblée des questions trop intimes. D'une manière plus générale, il importe de dire ce que l'on pense, ce que l'on croit, ce que l'on ressent, ce que l'on souhaite, ce que l'on exige. On parlera à voix haute afin d'être bien entendu. Les propos resteront polis, dénués d'agressivité et respectueux des désirs et des croyances d'autrui.

Mais dire ce que l'on veut, même si l'autre veut la même chose, n'est pas irrespectueux. La négociation vient dans un second temps. Il ne faut pas craindre les conflits et savoir prendre le risque de ne pas exprimer une opinion commune, l'idéal étant d'argumenter pour défendre son point de vue et, pourquoi pas, entraîner l'adhésion d'autrui. Utilisez davantage la première personne du singulier. Vous gagnerez en clarté, en écoute de l'autre, vous serez plus précis dans vos demandes et vos critiques, et vous accrocherez davantage votre interlocuteur en personnalisant la relation.

Acceptez les compliments que l'on vous fait en vous contentant de remercier. Apprenez à en faire. N'hésitez pas à demander des services. Et à ne pas y renoncer sous prétexte qu'on a refusé précédemment de vous en rendre.

Acceptez les critiques justifiées sans vous morfondre pour autant, et n'hésitez pas à vous justifier si cela se justifie. En revanche, refusez les critiques infondées ou trop générales telles que « tu es nulle » ou « tu es casse-pied », en obligeant votre adversaire à argumenter chaque fois qu'il en formule – nous verrons cela en détail plus loin.

N'usez pas de mensonge ou de travestissement de la vérité car c'est un piège dans lequel on vous tiendra prisonnier quand on s'en rendra compte. Dites ce que vous faites, mais aussi et surtout faites ce que vous dites afin que l'on prenne votre parole au sérieux.

En tout cela il s'agit de garantir vos droits, de préserver vos intérêts sans porter atteinte à ceux d'autrui, sans être retenu par la crainte de générer un affrontement, en évitant le recours à la colère ou à la violence, et en privilégiant la discussion et la négociation plutôt que vous contenter d'espérer (en vous tenant à l'écart) que l'autre devine ce que vous souhaitez réellement.

Une personne affirmée garde son calme sans faiblir et ne considère pas a priori chaque relation comme une empoignade. Elle ne donne pas de signe d'exaspération ou de méchanceté, mais sait hausser le ton avec maîtrise sans emportement si la menace est présente. Elle compte sur elle-même, et se repose sur son expérience, son savoir et son savoir-faire, tout en ayant conscience des lisières de ses compétences. Elle sait se remettre en question et jauger son attitude, à bon escient, c'est-à-dire uniquement si cela permet d'en tirer profit pour améliorer sa conduite future, tout en se gardant d'introspection et de ruminations stériles.

Avant tout, bien communiquer

« Communiquer », étymologiquement c'est partager, mettre en commun. Une communication affirmée est une communication active et interactive.

On ne se contente pas d'écouter, mais on ne se borne pas à parler. On cherche à transmettre en communiquant mais aussi à s'instruire. On formule explicitement ses points de vue, le plus positivement possible, mais on accepte les divergences d'opinion. On met de côté autant que faire se peut ses a-priori, ses idées reçues et autres opinons préconçues, et l'on se retient de chercher systématiquement des sens cachés ou de prêter des intentions inavouées ou inavouables derrière les propos ou le comportement de tout interlocuteur. On reconnaît quand on est d'accord ou qu'on apprécie les propos ou les attitudes de l'autre. On tient compte des échanges passés avec cet interlocuteur sans se faire trop parasiter par eux, et on s'oblige à donner une nouvelle chance à chaque nouvel échange. On exprime ce que l'on veut dire, ce que l'on croit, pense, ressent ou imagine de façon claire, sans artifice, sans dénigrer ni chercher la polémique.

Le temps d'écoute et d'expression doit être équilibré et l'on s'assure en permanence avoir bien compris ce que l'autre veut dire et être bien compris par lui afin d'éviter tous malentendus présents ou futurs. On écoute l'autre activement mais on n'oublie pas de s'écouter soi-même afin de bien maîtriser ses propres propos.

Du geste et de la tenue

La communication est aussi une affaire non verbale. Il faut en toutes circonstances « joindre le geste à la parole ». Le corps exprime aussi l'assurance d'une personne.

Les règles de base sont de regarder son interlocuteur en face sans fixer son regard pour autant (on peut regarder sa bouche), de parler clairement mais tranquillement, sans violence, de se tenir droit sans signe de menace (doigt pointé ou menton en avant). S'il faut en être conscient et perfectionner sa communication non verbale, il convient aussi d'apprendre à décoder celle de votre interlocuteur afin d'apprécier ce qu'il veut véritablement exprimer (la communication non verbale souligne la communication verbale mais parfois la contredit) et s'assurer qu'il saisit le sens de ce que vous dites.

Ni inhibé ni agressif, on quitte son trou de souris sans pour autant « rentrer dans le tas », tel un éléphant dans un magasin de porcelaine. On ne reste pas sur son quant-à-soi mais on ne se montre ni péremptoire ni tranchant. On donne de soi une image de droiture, d'honnêteté, de franchise, sans paraître froid ni crispant.

Quand on parle, on ouvre : les yeux pour observer les réactions de l'autre ; la bouche pour bien articuler ; les mains et les bras pour envelopper ce que l'on dit et accueillir l'interlocuteur ; le nez et les poumons en inspirant pour que la voix porte et ne manque pas de souffle ; les pieds pour être stable devant l'autre (les pieds en dedans sont signe de repli sur soi).

La voix est claire, ni étouffée ni tonitruante, et ne se montre ni molle ni trop pressée. Il s'agit de prendre son temps pour bien expliquer ce que l'on tient à dire. En évitant la précipitation, en n'oubliant pas de respirer, on contrôle ainsi l'expression d'éventuels signes d'anxiété.

On prête attention aux réactions physiques de l'interlocuteur afin d'adapter son discours et de mesurer l'impact de nos paroles sur lui.

Une parole claire et affirmée

Pour s'affirmer, je ne le dirai jamais assez, il faut que le contenu de ses propos soit clair, qu'il contienne un message explicite. Une des règles d'or est d'émettre un seul message à la fois, quitte à l'exprimer de plusieurs façons différentes pour qu'il soit bien entendu. Il s'agit alors de réfléchir au principal message que l'on veut transmettre. D'aller droit au but en gardant en réserve les messages complémentaires quand viendra l'heure d'argumenter.

Si l'on associe plusieurs messages dans le même discours, on risque de brouiller le sens et la portée de chacun d'entre eux. Ils peuvent alors apparaître contradictoires – de fait, ils le sont parfois, tant on peut être ambivalent, ou parce que l'on cherche à atténuer la portée d'un message dont on se sent coupable en le noyant dans d'autres qui se veulent plus aimables.

Ne pas se montrer agressif ne signifie pas, loin s'en faut, qu'il ne faille pas exprimer de reproches. En ce cas, il ne faut pas hésiter à prendre son temps pour bien décrire l'attitude ou les propos que l'on critique ainsi que les répercussions qu'ils ont sur soi. On choisira son moment afin que cette explication ne se passe pas entre deux portes. On précisera bien les différents types d'incidences sur soi (concrètes ou affectives). Ensuite, il sera possible de faire des propositions afin de trouver des solutions aux problèmes posés.

Comment répondre aux reproches

Si c'est à vous de recevoir des reproches, il faut dans un premier temps mettre de côté vos réactions affectives immédiates et bien écouter le détail des critiques qui vous sont formulées.

Si elles vous semblent trop générales ou trop floues, demandez des explications, des précisions, des éclaircissements. Si les critiques restent toujours floues, reprochez à votre tour leur caractère imprécis ou indéfini.

Si ces reproches vous semblent avérés, reconnaissez-le et admettez alors comme légitimes les émotions consécutives de votre interlocuteur. Viendra alors pour vous le moment d'expliquer votre conduite et ensuite d'exprimer ce que vous projetez de faire : vous excuser, changer d'attitude, proposer un compromis, ou persister dans votre position.

Si les reproches vous semblent illégitimes, dites-le. Et répétez-le si besoin. Vous pouvez admettre les réactions affectives de l'autre, compte tenu de ce qu'il croit être la vérité, mais sans céder sur l'affirmation du caractère infondé des reproches. Argumentez en illustrant si possible pour montrer le manque de fondement, et si vous ne convainquez pas l'autre, séparez-vous sur cette divergence.

Face à une demande qui vous semble injuste ou qui risque de vous porter préjudice, réagissez comme avec un reproche illégitime en exprimant un refus que vous argumentez ou pas. Il est possible de vous contenter de dire, en réponse à cette demande, que vous n'avez pas envie d'y répondre et de le répéter en boucle au besoin.

Repérez ce qui vous retient dans l'affirmation de vous

Afin de pouvoir vous affirmer autrement que par des kilos, il importe de découvrir ce qui fait obstacle à votre affirmation de soi et qui a généré un manque de confiance en vous.

La peur des conflits est une raison fréquente du manque d'affirmation de soi, souvent parce que l'on confond l'affirmation de soi et l'agressivité. En retenant, parce qu'on a été bien éduqué, son agressivité, on en vient à se laisser marcher sur les pieds. Il y a des bénéfices à éviter les conflits : on évite la peur inhérente à chaque « bagarre » annoncée, on est content de soi pour avoir su apaiser la situation, les autres nous savent gré d'avoir cédé, et on passe pour le martyr, celui qui se sacrifie. Mais ces frustrations répétées s'accumulent au fil du temps. Les autres finissent par nous manquer de plus en plus de respect, voire par abuser de ce qu'ils perçoivent en nous comme une faiblesse. Ils ne comptent plus sur nous et ne nous considèrent plus comme un interlocuteur fiable. Ils en viennent à nous mépriser d'être celui ou celle qui est toujours de l'avis du dernier qui a parlé et qui semble sans personnalité.

La colère retenue, les conflits internes, la mauvaise estime de soi quand on finit par se voir non pas comme le martyr mais comme la « bonne poire », le « couillon » ou la « victime », tout cela crée des troubles psychosomatiques divers et notamment des kilos émotionnels.

Cependant, ne pas craindre les conflits ne signifie pas pour autant qu'il faille les rechercher et provoquer gratuitement qui que ce soit.

Enfin, si s'affirmer c'est en particulier savoir dire non, il vous faut aussi savoir dire oui, oui à vos envies véritables, à vos désirs profonds, et savoir dire « oui merci » à qui de droit. Et le conflit n'est pas indispensable.

Quand quelqu'un par son attitude répétée est source de stress pour vous, la seule alternative n'est pas : soit de ne rien dire de peur de vous fâcher avec lui et de laisser fermenter en vous votre contrariété sine die ; soit, alors que vous êtes à bout, de vous mettre en fureur et de couper les ponts avec l'autre. S'affirmer, c'est aussi pratiquer l'art du compromis. C'est le contraire de la concession. Dans la concession, on cède, on sacrifie, on est lésé. Dans le compromis, on trouve une solution qui convient aux deux parties.

Les chaînes de l'enfance, qui remontent à vos premières années et qui vous empêchent de vous affirmer, sont souvent les plus difficiles à repérer. En voici quelques-unes :

– des modèles de parents pas sûrs d'eux, frustrés et soumis aux autres ;

– un entourage dévalorisant, dénigrant, moqueur, maltraitant ou culpabilisant ;

– un entourage surprotecteur, inquiet, ne laissant aucune initiative par crainte de l'accident ou de l'échec ; ou plus inconsciemment par crainte de votre émancipation.

Il s'agit alors de vous débarrasser de ces chaînes ou plutôt, maintenant que vous êtes adulte, de libérer cet enfant que vous étiez en ôtant à vos proches le droit de décider pour vous et en choisissant d'autres modèles. Chemin faisant, éloignez-vous des personnes de votre entourage actuel qui vous rappellent trop celles de votre enfance et qui, comme elles le faisaient, vous rabaissent et renforcent votre manque d'assurance en vous.

13

Lutter contre la culpabilité

Comment naît la culpabilité

Enfant, on a intégré progressivement les différentes règles et interdits transmis par nos parents. Ainsi s'est établi un « idéal du moi », c'est-à-dire un modèle idéal auquel on souhaite ressembler. Ce modèle correspond habituellement à ce que l'on pensait que nos parents voulaient que l'on soit. De cet idéal va naître chez l'enfant qui s'observe et compare son idéal à la réalité de son comportement un état de satisfaction ou bien d'insatisfaction et de culpabilité. Moins les parents sont faciles à satisfaire, plus leur niveau d'exigence sera élevé, et plus l'enfant risque de ressentir de la mésestime de soi et de vivre, à long terme, avec un sentiment permanent de culpabilité ou du moins une tendance à se culpabiliser.

L'enfant se sent autant coupable de ses actions que de ses pensées. Faire une bêtise ou avoir envie de faire une bêtise est à ses yeux aussi grave. Car, pour lui, action et pensée ont une valeur intrinsèque voisine. D'où le refoulement de certaines pensées, désirs ou fantasmes de la petite enfance.

Mais des refoulements trop intenses favorisent en contrepoint des remontées de pensées refusées, à la surface du conscient, et nourrissent en conséquence un fond de culpabilité. Les interdits sont souvent des freins aux pulsions.

L'acquisition du sentiment de culpabilité est indispensable. Il s'acquiert donc dès les premières années de vie grâce à l'éducation. Son intérêt est de limiter le sentiment de toute-puissance que le petit d'homme possède quand il découvre ses différents pouvoirs (marcher, parler, raisonner, séduire...). C'est par son intermédiaire qu'on conquiert une autodiscipline et l'aptitude au respect des règles, des lois et des interdits fondamentaux (notamment l'interdit de l'anthropophagie ou de l'inceste). Il participe au respect de la liberté et des besoins d'autrui qui permettent une vie sociale harmonieuse. Si nous étions dénués de tout sentiment de culpabilité, ce serait la loi de la jungle puisque les animaux en sont dépourvus (que l'on sache).

Cependant, la culpabilité est préjudiciable par son excès, sa généralisation, et surtout son manque d'à-propos. Elle est utile si elle évite de mauvaises actions préjudiciables à autrui. Elle est inutile si elle ne fait pas suite à de mauvaises actions (mais simplement de mauvaises pensées), si les mauvaises actions ne nuisent à personne ou bien si elles n'ont aucune conséquence néfaste. Elle est déraisonnable si sa présence nous envahit encore, alors que l'on a été puni ou malgré la réparation de la faute.

Différentes façons de l'exprimer

La culpabilité s'exprime quelquefois sous la forme de comportements vicariants, c'est-à-dire que la personne coupable va se tourner totalement vers autrui, comme si elle s'oubliait elle-même et se sacrifiait aux autres. Cela ne se traduira pas nécessairement par une inscription dans des associations humanitaires, mais plus subtilement à travers des positionnements vis-à-vis d'autrui, des services qu'elle pourra rendre, des renoncements à ses propres besoins, qui la feront systématiquement passer au second plan par rapport au désir de l'autre. Ce comportement de rachat n'est pas vécu comme une expiation, puisque le sacrifice n'est pas perçu comme une punition. On peut cependant rencontrer des postures expiatoires quand un individu s'impose plus ou moins consciemment une peine morale (en se privant d'activités agréables), plus rarement physique (des prises de poids ou d'autres formes de négligence corporelle).

La culpabilité ne favorise pas systématiquement de bons comportements. L'enfant ou l'adulte peut réagir dans une fuite en avant, et se défendra paradoxalement de la honte et de la culpabilité en poussant encore plus loin la transgression, dans une logique qui s'apparente au « tout ou rien » : « Quand je fais des excès alimentaires, il m'arrive de me dire qu'au point où j'en suis, autant continuer », me livre Anne.

Il y a aussi des mécanismes de déni de la culpabilité. Celle-ci est comme enjambée, mais peut alors profiter du sommeil pour s'exprimer sous la forme de terreurs nocturnes par exemple.

Des raisons personnelles

On peut se sentir coupable pour un nombre infini de raisons, objectives ou non. Chacun a un rapport très particulier avec la culpabilité en fonction de son échelle de valeurs personnelle. Et, pour une même faute, l'apparition et la durée d'un sentiment de culpabilité sera aussi fonction des circonstances qui seront ou non pour soi atténuantes ou aggravantes.

Il peut s'agir d'un sentiment de culpabilité global et quasi permanent qui touche indifféremment actions, pensées et paroles. Ou bien d'un sentiment de culpabilité profond et unique qui ne disparaît que provisoirement pour se réveiller dès qu'une occasion apte à le rappeler se présente, telle la douleur d'une écharde sur laquelle on appuie.

Les personnes qui se sentent facilement coupables sont souvent celles qui ont un grand sens des responsabilités. Vouloir prendre en charge son entourage, accepter les responsabilités diverses, s'engager en toutes choses favorise, de fait, le sentiment de culpabilité si tout ne se passe pas parfaitement comme prévu.

Certains doivent leur culpabilité à une éducation qui l'a entretenue et fait croître. « Chaque fois que je rencontrais un problème, confie Édouard, mon père me demandait avant tout ce que j'avais bien pu faire pour que cela m'arrive. » « Enfant, mes parents me confiaient la responsabilité permanente de ma petite sœur, se souvient Juliette, et on me rendait coupable de toutes ses bêtises comme de tous les soucis qu'elle avait. »

Une éducation non culpabilisante mais qui place l'enfant au centre de tout favorise également un sentiment permanent de culpabilité. Être tout pour ses parents, quelle responsabilité ! Quand le monde tourne autour de soi et semble ne tourner rond que grâce à soi, il y a de quoi plus tard se sentir responsable et donc coupable de tout ce qui se passe alentour.

D'autres événements de vie peuvent être lourdement culpabilisants. Catherine : « Il y a toujours eu un doute sur ma conception. Cette suspicion d'adultère de ma mère n'a jamais été entièrement levée pour moi. Mon père a toujours douté de ma filiation, sans jamais m'en parler directement. Moi, je me suis toujours sentie illégitime et, comme telle, j'ai vécu avec un manque d'assurance et un sentiment permanent de culpabilité, comme si je portais la faute de ma mère. »

Maximilien s'est longtemps cru responsable de la maladie de sa sœur, victime d'un cancer osseux de la jambe quand ils étaient tous les deux bambins. En fait, le cancer fut révélé à l'occasion d'une fracture provoquée à la suite d'une bagarre entre les deux enfants, sur un os déjà fragilisé par la maladie. Faute d'explications, Maximilien, dans son imaginaire d'enfant, établit un lien direct de cause à effet entre cette dispute et les lourdes suites de la maladie de sa sœur. Très tôt, il étouffa alors sa culpabilité par une prise de poids qu'il conserva jusqu'à l'âge adulte. Ce n'est qu'à la suite d'une psychothérapie à plus de trente ans qu'il découvrit sa méprise psychique.

Parmi les fautes imaginaires, citons le cas d'Aurélie. Adolescente quand ses parents se séparèrent, Aurélie demanda à être à la garde de son père, ce qui fut accepté par le juge. Elle en ressentit une culpabilité inconsciente, imaginant que son père, qui ne se remit pas en ménage, l'avait préférée à sa mère. Sa faute « œdipienne » étant d'avoir pris le mari de sa mère, elle imaginait être responsable du divorce, d'autant qu'elle avait fait alliance avec son père lors des conflits du couple.

Arrêtez de vous punir !

Beaucoup de femmes en surpoids mangent avec ou sans faim, par besoin, par envie, par habitude, par réflexe, par instinct, par ennui, pour calmer une anxiété ou une tristesse, camoufler des émotions… mais pas toujours, loin s'en faut, par plaisir. Prendre du poids n'est pas non plus (en règle générale) satisfaisant. Bien sûr, on l'a vu, prendre du poids ou manger confère à certaines des bénéfices secondaires. Mais pas à toutes. Chez d'autres, à l'inverse, c'est l'équivalent d'une punition qu'elles s'infligent.

Se punir en mangeant : l'idée n'est pas si saugrenue quand on pense à l'histoire du supplice de Tantale. C'est surtout dans les mythes contemporains que l'idée s'étoffe : dans le film *Seven*, thriller morbide sur les sept péchés capitaux, la gourmandise est illustrée par un homme condamné à manger jusqu'à en mourir. Manger en excès et prendre du poids en conséquence s'inscrit parfois dans une conduite auto-agressive. Il s'agit de se faire du mal éventuellement dans un érotisme masochiste mais le plus souvent pour se punir de fautes commises réelles ou imaginaires.

Pour savoir si vous vous punissez en mangeant excessivement, notez toutes les possibilités de bien-être auxquelles votre poids vous empêche d'avoir accès. Si la liste est bien plus longue que celles des bénéfices que vous procure la nourriture, vous pouvez suspecter un comportement auto-punitif. Il n'y a plus de doute si votre comportement s'amplifie et que vous prenez du poids quand des choses positives vous arrivent. La découverte d'une faute passée est bien sûr aussi importante que le mobile d'un crime.

Viendra ensuite le temps du pardon. On se pardonnera sa faute en considérant que l'on a suffisamment expié ou en proposant une forme de dédommagement symbolique. En cas de faute imaginaire, c'est avant tout l'analyse du caractère infondé de cette faute qui permet de s'en libérer. Mais la réparation symbolique reste efficace. En parler avec la victime supposée afin d'obtenir éclaircissement et pardon est la méthode choisie par Aurélie qui discuta avec sa mère de son sentiment de culpabilité et reçut en retour de celle-ci des paroles apaisantes.

Les raisons de se punir croissent au fil du temps et des nouvelles fautes réelles ou imaginaires qui s'accumulent. Parmi celles-ci, le non-respect des règles de régime que l'on s'est édictées et les différentes « rechutes » sont autant de fautes que l'on punira en… mangeant davantage.

Une culpabilité ancienne ou un sentiment de culpabilité incessant, comme d'autres modes de culpabilité occasionnels, poussent à manger sans faim pour se réconforter ou se punir.

La prise alimentaire, par le plaisir ou les sensations qu'elle fournit, peut enterrer le sentiment de culpabilité ou le détourner provisoirement. Il arrive aussi qu'elle le réactive ou le transforme en une autre forme de culpabilité : celle de manger alors qu'on a décidé de perdre du poids.

À l'autre extrémité, manger sans faim et sans fin est l'équivalent d'une pénitence, une façon paradoxale d'ôter un poids à sa culpabilité, une forme de châtiment corporel. N'est-ce pas celui réservé aux gourmands (en fait aux gloutons et aux voraces) en enfer ? On pourrait s'étonner qu'un châtiment puisse procurer du plaisir, mais l'esprit humain est ainsi fait que des punitions, des sévices prolongés induisent des mécanismes que l'on pourrait qualifier d'« érotisation masochiste », via la sécrétion d'endorphine notamment, et qui font de l'expiation une source de satisfaction.

Comment s'en débarrasser ?

Quand la culpabilité est présente, on va tenter le plus possible de la cacher aux autres comme à soi-même. Au point d'en méconnaître les fondements. Pourtant, il importe de se confier à quelqu'un et de ne pas ruminer sa culpabilité. La rumination est une dynamo qui emmagasine en particulier les kilos émotionnels. Que l'hypothèse d'une faute soit l'occasion de parler de soi et d'analyser à plusieurs les racines objectives ou non de ce ressenti pénible. Et si la culpabilité est justifiée, le rachat de sa faute est possible. Encore doit-elle rester en des proportions raisonnables et ne pas se commuer en un puits sans fond.

Le rachat ne doit pas nécessairement être dirigé vers la personne vis-à-vis de laquelle on se sent coupable, et qui parfois n'est plus là. Le bien que l'on fait à d'autres contrebalance souvent le mal qu'on a pu faire, c'est le principe de la chaîne de l'amour. Selon le même principe que la dette d'amour, due à ses parents et qui peut apparaître impossible à solder, réglée à ses propres enfants dans l'attention et le soin qu'on leur porte. Il ne s'agit pas d'expier, mais de trouver un moteur supplémentaire au bien que l'on peut faire.

Cependant la culpabilité dans ses racines, sa durée ou son intensité est souvent injustifiée. En ce cas, il faut repérer les pensées erronées qui la nourrissent. Le catastrophisme est l'un de ces modes de pensée qui consiste à faire une montagne d'un rien. Il convient alors de garder le sens de la mesure. Les conséquences de ce que vous avez fait, pensé ou dit sont-elles si graves que cela ? Et avez-vous des preuves des conséquences présumées de vos actes ? Apprenez à différencier les faits des pensées. Si l'on peut se sentir coupable d'actes ayant porté préjudice à autrui, vous êtes libre de vos pensées les plus négatives. Renoncez à croire à la pensée magique : ce n'est pas parce que vous avez souhaité du mal à quelqu'un que vous êtes responsable si du mal lui arrive en effet.

Arrêtez de tout juger et surtout de vous juger plus sévèrement que vous ne jugeriez autrui. Halte à la personnalisation : vous n'êtes pas au centre de l'univers et l'unique responsable de tout ce qui se passe autour de vous. Il est certain que ceux qui ne font rien ne risquent pas de se sentir coupables des erreurs commises. Plus on prend de responsabilités, plus on s'expose à rater des choses, mais c'est le bilan globalement positif qu'il faut regarder. Prenez donc conscience que votre culpabilité liée à telle faute ne doit pas masquer tout ce que vous avez réussi par ailleurs. Apprenez à être aussi tolérant avec vous que vous l'êtes vis-à-vis des autres. Faites la paix avec vous-même.

14

Retrouver une harmonie intérieure

L'harmonie de l'existence réclame que l'on soit dans la possibilité d'accomplir chaque jour ses devoirs de vie (se laver, aller au travail, s'occuper des enfants, ranger son intérieur, remplir ses papiers administratifs, etc.) et de posséder ce qui nous est nécessaire, que ce soit des biens matériels ou des biens spirituels (amour de son partenaire, sentiment d'être en bonne santé...). Encore faut-il que l'on soit apte à jouir de tout cela, c'est-à-dire que l'on s'entende suffisamment avec soi-même pour le faire. C'est pourquoi, afin de retrouver une harmonie intérieure, il faut au préalable se débarrasser d'une culpabilité hors de propos et avoir appris à lâcher prise tout en prenant sur soi d'aller vers le mieux-être.

Dans la lutte contre les kilos, on ne peut qu'échouer si on prend le problème de front et au final, c'est soi-même que l'on combat. Or, c'est une erreur de croire qu'il faut se battre contre soi pour maigrir. Les régimes volontaristes et agressifs ne font que du mal. Au contraire, il faut personnellement se venir en aide.

Cessez la guerre

Arrêtez de vivre votre projet d'amaigrissement comme un combat. Ce n'est pas ainsi que vous deviendrez mince dans la durée. Surtout en ce qui concerne les prises de poids émotionnelles. Ne déclarez pas la guerre : ni contre les kilos, ni contre les aliments, ni surtout contre vous-même. Au contraire, faites la paix.

Vos kilos ne sont pas les responsables de vos problèmes de régulation émotionnelle. Ils n'en sont que les conséquences. Ils reflètent vos soucis et les malentendus avec vous-même. Ils sont là à visée protectrice, comme une armure, en attendant que vous soyez plus fort intérieurement ou moins inquiété par le monde environnant pour vous en débarrasser. D'autres fois, ils ne sont que l'expression, le porte-voix d'un mal-être.

Les aliments ne sont pas des ennemis. Ils n'ont rien contre vous. Nous avons tous besoin d'eux pour vivre : ils sont notre combustible et notre matériel de construction et de rénovation. Ils sont aussi une formidable source de plaisir. C'est le mauvais usage que l'on en fait qui peut nous porter préjudice.

N'engagez pas les hostilités. Vous seriez certain d'en être la victime. Ce serait aussi absurde que de se suicider dans l'espoir de changer de vie. Il faut cesser de vous cliver en deux personnes distinctes. C'est au contraire en faisant alliance avec vous-même que vous résoudrez le problème de vos kilos émotionnels. Retrouvez une unité intérieure. Découvrez votre véritable nature. Démêlez vos conflits internes qui créent la zizanie à l'intérieur de votre être. Faire la paix avec soi, c'est le contraire de baisser les bras. C'est partir en quête et renouer ou tisser les fils entre ses différentes entités afin de trouver une cohérence et une unité.

Cesser de se faire la guerre, c'est apprendre parfois à lâcher prise. Et pour ne pas se précipiter sur les aliments, il faut apprendre à écouter ses véritables envies. Savoir ce que l'on désire et ce dont on a besoin n'est pas aisé pour tout le monde, d'autant qu'on balance aujourd'hui entre les deux extrêmes que sont la satisfaction immédiate et son envers, la maîtrise absolue du plaisir.

Au début de la vie, on veut tout et son contraire, ou rien de ce qui est proposé, tout en ignorant ce que l'on aimerait se voir proposer en échange. Pour savoir ce que l'on veut, il faut y avoir goûté, et tant de choses nous attendent dont on pressent les délices mais dont on ignore le goût. En grandissant, grâce à l'éducation, on apprend à se connaître et l'on se définit aussi à partir de la spécificité de ses besoins et de ses désirs.

Hélas, aujourd'hui, la satisfaction immédiate est l'idéologie dominante. Le bonheur tout de suite. La retenue est méprisée. On ne croit plus aux lendemains qui chantent et ceux qui persistent se disent qu'« un tien vaut mieux que deux tu l'auras ». L'« adulescence », nouveau terme désignant les adultes d'aujourd'hui qui n'en finissent pas de ne pas grandir, se marie bien avec ce refus des frustrations caractéristique des très jeunes enfants comme des ados. Le « tout, tout de suite » a son corollaire, le « tout ou rien ». L'ascèse et sa version alimentaire qu'est l'anorexie sont l'autre face du laisser-aller au plaisir glouton. Dans l'ascèse, selon Amélie Nothomb qui a traversé une période d'anorexie à l'aube de son adolescence, « il s'agit de jouir d'une chose dans la privation absolue de cette chose ». La toute-puissance de l'enfant roi est ici de triompher de ses besoins physiologiques. À moins qu'il ne s'agisse que d'augmenter l'intensité du plaisir dans le « craquer » boulimique qui suit parfois la retenue anorexique.

Pour retrouver l'harmonie avec soi-même, foin de gloutonnerie ou d'anorexie. Il ne faut pas craindre de se faire plaisir, mais en découvrant ses vrais besoins, ses vrais désirs, ses vraies envies. Cela participe de la quête de soi.

Faites un bilan de vos envies

Allumez votre ordinateur (une feuille et un crayon sont aussi efficaces) et notez pour chacun des domaines de votre existence ce qui vous convient, ce que vous aimeriez améliorer et ce qu'il vous faudrait supprimer pour vous sentir mieux.

Travail. Définissez votre travail en termes quantitatifs et qualitatifs : est-ce que je fais le métier que je voulais faire ? Fais-je ce qui me plaît ? Est-ce que je consacre trop de temps ou pas assez à mon travail ?

Évaluez chacun de ces points pour voir ce qui peut être amélioré : organisation (distance, horaires, rythme, jours de congé) ; conditions de travail (espace, intérêts) ; relations professionnelles (collègues, patron, usagers, clients) ; salaire et projets professionnels (objectifs à définir, formation professionnelle : ce qui est possible et comment le réaliser).

Loisirs. Faites le point sur vos loisirs actuels. Comparez aux loisirs passés. Projetez de nouvelles activités de loisirs ou des vacances. Pensez à l'organisation en termes de temps et de budget.

Santé. Date du dernier bilan de santé. Nécessité d'un check-up. Actions de prévention (sport, arrêt du tabac ou de l'alcool, vaccins, régime alimentaire).

Amour. Jaugez vos sentiments, sur un plan qualitatif et quantitatif, et leur évolution. Évaluez ceux de votre partenaire. Mesurez les temps partagés et étudiez les possibilités pour en passer davantage ensemble. Échangez sur votre histoire et vos projets communs. Faites le point sur les barrages (travail, belle-famille, rythme de vie) et les traits d'union (loisirs communs, sexualité, enfants, amis communs).

Amitié. Vos amis sont-ils de vrais amis ou des relations amicales ? Évaluez le temps que vous leur consacrez. Repérez les obstacles et les traits d'union. Que sont devenus vos amis d'hier ? Cultivez des amitiés fragilisées. Étudiez les possibilités de faire de nouvelles rencontres.

Famille. Faites la liste des points positifs et des sujets d'inquiétude, chez vos ascendants, votre fratrie et vos enfants. Ce qui peut s'améliorer. Notez les renoncements nécessaires, des priorités d'action à définir (scolarité, santé, parent malade, temps partagé avec les enfants).

Centres d'intérêts. Notez ce que vous aimez dans la vie et vérifiez que vous en profitez suffisamment. Relevez ce que vous n'appréciez pas et que vous êtes contraint de faire.

Apparence. Décrivez-vous tel que vous vous voyez. Tel que vous êtes au fond de vous (en fermant les yeux). Tel qu'on vous voit. Tel que vous aimeriez être.

Cette liste n'est bien sûr pas exhaustive. N'hésitez pas à vous y reprendre à plusieurs reprises pour l'établir.

L'objectif est de ne rien négliger des différentes parcelles de ce qui constitue votre existence d'aujourd'hui et de ce qui pourrait constituer celle de demain. Il est question du poids dans l'apparence ou dans la santé, mais ce ne sont que des parties d'un ensemble qui est votre personne dans sa globalité. Ce qui vous définit, c'est un ensemble d'identités. Par exemple, si vous être une femme : la mère, la compagne, l'amie, la professionnelle, la collègue, la patiente, la voisine, la partenaire de sport… Chacune de ces facettes de vous a ses propres désirs, ses besoins, ses soucis, ses succès, ses contrariétés, ses objectifs. Tout cela génère des émotions qui agissent sur la silhouette. C'est en remaniant l'ensemble de votre identité que vous aurez la possibilité de modifier votre apparence. Mais pour pouvoir la remanier, il faut au préalable la décomposer fil par fil.

Dans un second temps, une fois le bilan de vie établi, on agira pour renforcer les points salutaires de son existence et améliorer les points grevant le bien-être (par exemple l'amélioration nécessaire des relations avec ses collègues ou les distances à prendre avec ses parents).

Faites-vous confiance

Pour trouver son harmonie intérieure, il faut être à l'écoute de soi et apprendre à se connaître. Mais au préalable se faire confiance. Il n'y a pas deux personnes comme vous. Cessez de vous comparer aux autres. Votre destin reste à écrire. Si vous pensez être ce qu'on a fait de vous, devenez ce que vous ferez de vous. Vous n'utilisez, comme tout un chacun, que 10 % des capacités de votre cerveau et il existe en vous des potentialités que vous n'avez jamais exploitées. Vous n'êtes plus un enfant, mais vous avez autant de choses à apprendre que l'enfant en a appris pour devenir celle ou celui que vous êtes. Soyez à l'écoute de votre raisonnement, de vos valeurs, mais aussi de vos émotions, de votre intuition et de vos véritables envies.

Acceptez de ne pas tout contrôler, que l'avenir est incertain, et que la vie est une aventure : elle vous tend les bras, vous ne pouvez rien faire d'autre que lui faire confiance. N'accordez pas aux désagréments de la vie plus d'importance qu'ils n'en ont. Ne négligez rien et ne prenez pas le choix qu'on vous propose comme le seul possible dans l'existence. Apprenez à dire oui, et pas seulement « oui mais », si vous savez déjà dire non. Renoncez à accéder aux sommets impossibles à atteindre, mais n'hésitez pas à gravir la pente pour aller au plus haut. Face aux frustrations, abandonnez, patientez, contournez ou recommencez plus tard. Posez autant de questions que vous vous en posez, et posez-vous autant de questions que l'on vous en pose. Ne vous sentez pas obligé d'avoir réponse à tout.

Identifiez vos goûts, vos dégoûts, vos aspirations, vos compétences, vos émotions dominantes ou enfouies, vos croyances, vos peurs, vos doutes, vos certitudes. Pour cela, il s'agit d'être à l'écoute de son corps et de ses besoins, de repérer les différents signaux qu'il vous transmet tels que les signes de fatigue, de tension intérieure, de désir sexuel ou de faim. Profitez de ces moments suspendus, où rien de précis n'est à entreprendre, lors d'un trajet en train ou en bus, en salle d'attente, avant le sommeil, pour vous concentrer sur les ressentis de votre corps au moment présent tout en vous remémorant ceux de la journée.

Cassez vos habitudes

Se mettre dans des conditions diversifiées est aussi une autre façon de se découvrir. Nous sommes tous prisonniers d'habitudes de vie qui représentent une prison dorée puisqu'elle nous rassure, mais qui nous privent de la liberté d'être totalement soi-même. Se mettre à l'épreuve de la nouveauté réclame un effort sur sa tranquillité d'esprit mais donne du piment à l'existence et, encore une fois, donne de nouveaux points de vue sur soi.

Adoptez de nouveaux comportements avec les gens, prenez le contrepied de vos réactions habituelles, pour vous tester tout simplement. Là où vous dites habituellement non quand on vous demande un service, dites oui ou réciproquement. Vous allez être confronté à des réactions de surprise de votre entourage, en tout cas à des réactions inattendues qui, d'ailleurs, vous éclaireront sur eux. Mais vous verrez également que vous pouvez être différent et, de fait, agir différemment sur autrui. Changez aussi de comportement ponctuellement dans un premier temps avec vous-même : maquillez-vous le matin si vous ne le faites pas ou habillez-vous plus décontracté si vous êtes habituellement tiré à quatre épingles, et notez les réactions des autres comme vos propres ressentis. Changer son train-train, c'est également modifier son rythme de vie : faire la grasse matinée le dimanche pour ceux et celles qui ne la font pas ou au contraire mettre son réveil tôt et être surpris de voir tout ce que l'on peut faire d'agréable le dimanche matin ; changer de trajet pour se rendre au travail ; sortir manger au bistrot et non pas au self de l'entreprise, sans raison préalable mais simplement pour s'éprouver et donc mieux se connaître.

Jouez un rôle : le vôtre

Rassembler ses identités parcellaires pour découvrir son identité globale permet de savoir véritablement qui l'on est et d'être sincère avec soi-même. Mais que cela ne vous empêche pas de jouer.

Jouer un rôle seul ou avec les autres est une façon d'expérimenter ce que vous pourriez être et quelquefois de libérer des potentialités en vous qui n'attendent que d'être exploitées mais dont vous n'aviez pas connaissance. Ces potentialités, ces traits de caractère, ces émotions sont comme des pousses ou des graines qui n'ont jamais été arrosées au cours de votre existence, ou insuffisamment, et qui sont restées quiescentes, attendant que des circonstances les fassent croître. Si ces circonstances ne surviennent pas, on peut passer complètement à côté de ce qui aurait pu être nous, de ce qui est aussi nous. Jouer un rôle est une tentative d'aller à leur rencontre pour les repérer puis de les cultiver. Vous vous croyez inapte à la cuisine, lancez-vous, faites comme si vous étiez bonne cuisinière, ouvrez un livre de recettes et suivez les consignes en imaginant que vous jouez le rôle d'une cuisinière. Le résultat ne sera peut-être pas à la hauteur de la cuisine de votre mère mais sans doute moins mauvais que vous auriez pu le croire.

Faites-vous plaisir

Les kilos émotionnels, on l'a vu tout au long de ce livre, sont souvent la conséquence de conflits psychiques, de frustrations, d'autopunitions. Si vous mangez véritablement par plaisir, par gourmandise et non pas par pulsion, envie soudaine, habitude, ennui, chagrin, colère, obligation (par exemple : « Je dois manger le matin pour être en forme, m'a dit mon diététicien »), il y a peu de risques que vous preniez des kilos émotionnels. Quand on mange par plaisir (hormis les cas où le plaisir ressenti est une source de culpabilité), on n'a pas besoin de manger beaucoup. Car ce sont les premières bouchées les meilleures. Ensuite, le plaisir s'atténue. Le plaisir vient aussi de la disparition de la sensation de faim dès la remontée de la glycémie.

Mais il ne faut pas confondre les plaisirs. Notamment, il faut distinguer le plaisir du palais avec celui de partager un moment convivial avec des amis autour d'un repas. Il faut conserver ces moments conviviaux car ils sont bons pour le moral, il importe de garder ce plaisir d'échanger avec ses amis, de rire, de converser, tout en ne le confondant pas avec celui d'absorber sans compter, c'est-à-dire au-delà de sa faim. La légèreté de ces moments s'associe bien avec la légèreté de ce que l'on consomme.

À l'inverse, ne mangez pas si cela ne vous fait pas plaisir. Si ce qui est dans votre assiette ne vous convient pas, ne vous forcez pas de peur de déplaire à votre hôte ou par crainte d'avoir faim plus tard. N'hésitez pas à dire que vous n'avez pas faim, et conservez sur vous quelque chose que vous appréciez si vous craignez d'avoir faim plus tard.

Restez en accord avec vos véritables besoins et envies. Alimentez-vous de ce que vous aimez manger, et refusez de le faire par devoir, semi-obligation (par exemple parce que c'est l'heure de manger) ou par craintes diverses. C'est une étape primordiale dans la régulation liant vos émotions et les prises alimentaires. Ainsi, vous évitez les calories inutiles ou indésirables et vous apprenez à respecter vos désirs, à être à l'écoute de votre corps, ce qui prévient les kilos émotionnels.

Lors des repas conviviaux en famille ou entre amis, on a tendance à manger plus que de raison. Leur caractère festif, l'alcool qui les accompagne souvent et qui désinhibe, favorisent le laisser-aller qui vient briser plusieurs jours de restrictions caloriques. C'est ce qui incite les personnes au régime à fuir les repas entre amis ou en famille et à s'isoler pour manger. Pourtant, partager son repas ne doit pas être synonyme de débordement. Manger seul face à soi-même peut sembler ennuyeux et insuffisamment nourrissant émotionnellement. Partager un déjeuner avec une amie favorise les échanges de paroles et d'émotions et nous en emplit sans nous faire grossir. Cependant, quand vous sortez, préférez les endroits pas trop bruyants pour que vous puissiez véritablement échanger. Des études[1] ont montré que dans les bars où la musique est trop forte pour qu'on puisse s'entendre, on prend davantage de consommations, et en particulier d'alcool.

Développer d'autres sources de plaisirs, ce n'est pas renoncer au plaisir de manger. C'est accroître le champ de ses potentialités au plaisir, et ainsi cela permet de ne pas

1. Nicolas Guéguen, professeur en sciences comportementales à l'université de Bretagne-Sud.

être prisonnier et donc dépendant d'un seul mode d'accès à la jouissance. Testez de nouvelles activités, ou bien tentez de retrouver les plaisirs que vous aviez autrefois et auxquels vous auriez renoncé pour des raisons diverses (interdits familiaux, incompatibilité avec la vie de couple ou de jeunes enfants, manque de confiance en soi, retenue liée à l'âge).

Conclusion

Prendre du poids, ce n'est pas qu'une affaire de calories ou d'exercice physique. C'est aussi une question d'émotions. Les émotions négatives, quand elles sont trop fréquentes, trop intenses, et insuffisamment compensées par des émotions positives, engendrent des kilos émotionnels. Les émotions agissent sur le choix des aliments, les comportements alimentaires et directement sur le stockage de graisse. C'est vrai chez l'enfant comme chez l'adulte. Les nombreux facteurs d'influence sur ces kilos émotionnels sont autant de domaines sur lesquels on peut agir.

Dans le cadre d'une action globale sur les origines, l'éducation reçue, si elle ne peut être refaite, peut être analysée, et cette prise de recul est le premier pas vers de nouveaux conditionnements, de nouvelles sources de plaisir et la réinitialisation de nouvelles potentialités à être. Indépendamment de son éducation, une analyse de sa personnalité et de son histoire individuelle est la base de possibles remaniements internes. La lutte contre les effets du stress sur les kilos émotionnels passe par des modifications de l'environnement, des rectifications des modes de pensée et différentes techniques pour limiter l'impact du mental sur le corps. Le repérage des émotions qui activent de possibles surcharges pondérales permet d'apporter à chacune d'elles un mode de réponse approprié. Une fois les causes émotionnelles déterminées, la lutte portera, selon les cas, contre une dépendance aux aliments ou à l'acte de manger, une humeur dépressive, des obsessions mentales, le manque de confiance en soi, une image de soi défaillante, une maîtrise de soi outrancière, un déficit de volonté, une culpabilité handicapante, une opposition à soi-même, un défaut d'harmonie intérieure, un manque à jouir ou à être.

Se délester de kilos émotionnels et perdre du poids est donc possible en se protégeant et en se libérant d'émotions négatives isolées ou agrégées. Cette délivrance, associée à un rééquilibrage intérieur, permet de retrouver sa vérité intérieure et d'être enfin « soi m'aime ».

REMERCIEMENTS

Au Dr Cathy Skrzypczak, pour son amitié.
Au Dr Gilles Marie Valet, pour sa clairvoyance.
Au Dr Évelyne Bacquelin-Clerget, pour sa droiture.
Au Dr Fabrice Samain, pour sa fidélité.
À Mathilde Nobécourt, pour son enthousiasme.
À mes parents, pour leur intelligence.

Table

DU MÊME AUTEUR

Osez vous faire respecter, avec Bernadette Costa-Prades, Albin Michel, 2010

Guide de l'ado à l'usage des parents, Calmann-Lévy, 2008

Maintenant, tu restes dans ton lit !, avec Anne Lamy, Albin Michel, 2008

Comment avoir de vrais amis ?, avec Bernadette Costa-Prades, Albin Michel, 2008

La mère parfaite c'est vous !, avec Danièle Laufer, Hachette Littérature, 2008

Quel âge aurait-il aujourd'hui ? Le tabou des grossesses interrompues, Fayard, 2007

Parents, osez vous faire obéir !, avec Bernadette Costa-Prades, Albin Michel, 2007

Comment devient-on homo ou hétéro ?, J.-C. Lattès, 2006

La deuxième chance en amour, avec Sylvie Angel, Odile Jacob, 2006

Les pipis font de la résistance, avec Karine Mayo, Albin Michel, 2006

Élever un garçon aujourd'hui, avec Pascale Leroy, Albin Michel, 2005

Comment survivre quand les parents se séparent, avec Bernadette Costa-Prades, Albin Michel Jeunesse, 2004

Séparons-nous... mais protégeons nos enfants, Albin Michel, 2004

Ils n'ont d'yeux que pour elle, Fayard, 2002

Nos enfants aussi ont un sexe, Robert Laffont, 2001

Adolescent, la crise nécessaire, Fayard, 2000

Ne sois pas triste, mon enfant, Robert Laffont, 1999

Composition IGS-CP
Impression : Imprimerie Floch, octobre 2010
Éditions Albin Michel
22, rue Huyghens, 75014 Paris
www.albin-michel.fr
ISBN 978-2-226-18751-2
N° d'édition : 18189/07 – N° d'impression : 77831
Dépôt légal : septembre 2009
Imprimé en France.